監修者――佐藤次高／木村靖二／岸本美緒

［カバー表写真］
開城《ケソン》の高麗王宮址と松嶽山《ソンアク》

［カバー裏写真］
元とのつながりをもつ高麗人たちが建立した元朝様式の敬天寺十層石塔

［扉写真］
高麗恭愍王《コンミン》と王妃ブッダシュリ公主の陵墓

世界史リブレット99

# モンゴル帝国の覇権と朝鮮半島

*Morihira Masahiko*
森平雅彦

目次

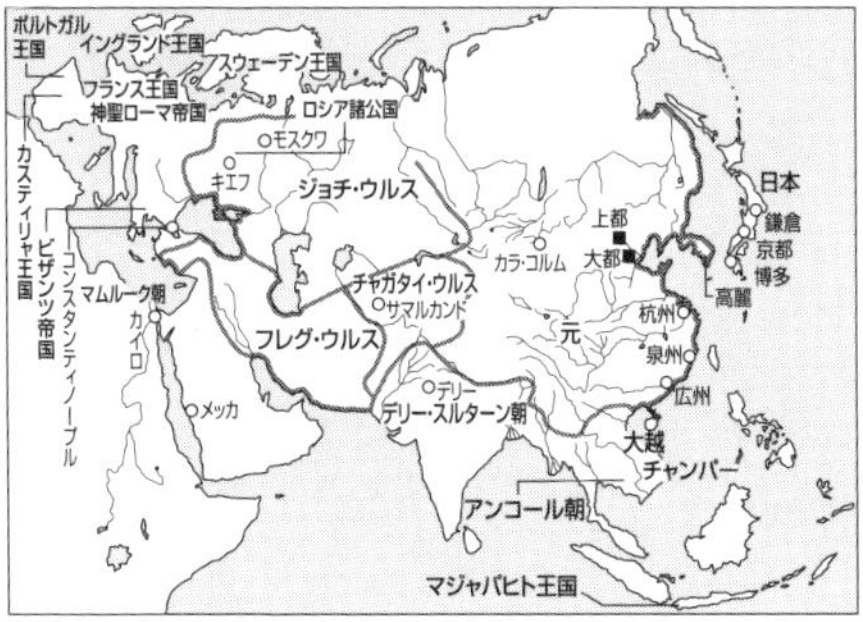

モンゴル時代のユーラシア（十四世紀初）

## 朝鮮史における「タタールのくびき」

本書の目的は、十三～十四世紀の朝鮮半島の人びとが、当時ユーラシア大陸の東西に覇権を拡大したモンゴル帝国、なかでも東方におけるその継承政権である大元（以下では元と称する）に対し、どのようにむきあい、どのように身を処したか、主として支配層の動向に焦点をあてて描きだすことにある。

「モンゴル襲来」といえば、現代の日本国で生まれ育った者の多くが、鎌倉時代、九州北部を元軍が襲った一二七四年と八一年の戦役、いわゆる文永・弘安の役を想起することだろう。直接の戦闘は比較的短期間でおわったが、多くの住民や防衛にあたった武士たちの生命をうばい、「神風」に象徴される神国思想の高揚や、戦後処理が難航するなかでの鎌倉幕府の衰亡など、その後の日

### 日本における「モンゴル襲来」

（『蒙古襲来絵詞』より）

▼高麗　九一八年から一三九二年にかけて朝鮮半島に存在した王朝。国名は古代朝鮮の高句麗に由来する。政治・外交史の概要については四～六頁を参照。

本列島社会の歩みにさまざまな影響をあたえたことは、よく知られている。

当時、朝鮮半島の大半を統治した高麗《こうらい》▲王朝は、元の臣属下にあってこの侵略活動の一翼を担った。そのため、このとき日本において、元のみならず高麗に対する敵愾心が高まったのは、自然ななりゆきだった。実施にこそいたらなかったが、鎌倉幕府によって「異国征伐」が企画され、戦場となった博多では、子どもをしつける際の脅し文句として「ムクリ（モンゴル）・コクリ（高麗）の鬼がくる」という言い回しが後世に伝わることになった。

しかし、当時の高麗をたんに侵略者のかたわれとみなすだけでは、時代状況の理解として十分ではない。高麗もまた「モンゴル襲来」の被害者であり、それは日本にさきだつことおよそ五十年前、十三世紀前半から長期にわたっていた。そして高麗がモンゴルに臣属してから日本侵略にいたるまでのプロセスも決して単線的ではない。くわえて高麗にとって、モンゴルとの緊密な関係と、そのもとで規定された対日戦略上の役回りは、直接の侵攻が失敗したのちにも、形を変えて残りつづけたのである。

「タタールのくびき」とは、ロシア史における対モンゴル関係を象徴する言葉であり、巨大遊牧帝国の圧迫に苦しみあえぐ人びとの姿を強烈に印象づける。たしかにそれはある部分の真実かもしれない。朝鮮史における対モンゴル関係も、従来はもっぱらそうした見方から「民族受難の歴史」として描かれてきた。しかし実のところ、ロシアもまたそうであるように、高麗はモンゴルによってただ一方的に抑えこまれ、ひたすら受身で呻吟していたわけではない。それどころか、多大な人的・物的損害をよぎなくされた対日戦役すらバネとして、さまざまな生存戦略を個人あるいは集団としてめぐらせ、実践していたのである。

そのような硬軟両面にわたり強《したた》かで弾力性に富む国際対応は、多くの時代、厳しい国際環境にさらされてきた朝鮮半島の人びとならではの特色であり、古代から現代にいたるまで、その歴史が学術研究のテーマとして魅力的であるゆえんのひとつである。「抵抗か、さもなくば屈従か」という単純な二分法を超え、近代国家の主権観念や国民アイデンティティを自明の規範とするような枠にはおさまりきらない、その人間現象の豊かさ・複雑さ・おもしろさを、まずは普遍的な人間探究のテーマとして、じっくりとかみしめ、あじわいたい。

また近年はモンゴル帝国史の見直しが活発にすすめられ、その世界史的な画

**ロシアの「英雄」アレクサンドル・ネフスキー**（一二二〇〜六三）　ノヴゴロド公・ウラジーミル大公としてスウェーデンやドイツ騎士団と戦った彼は、モンゴルに対しては協調姿勢をとっていた。

期性が指摘されている。モンゴルを野蛮な破壊者とみなす論調はかげをひそめ、モンゴル政権下における多様な文化の高揚と経済の活況、ダイナミックなヒト・モノ・情報のうごき、ゆるやかな統合のもとで国際化した社会の多様性や開放性などが強調されている。また元については、これを「中国史」の枠組みにおしこめる見方が批判され、遊牧民政権としての連続性や、のちの明清時代におよぼした影響がいわれるようになった。本書もそうした問題提起を慎重にふまえつつ、新たな視点で高麗・モンゴル関係を描きだすようにつとめた。

ここでモンゴル登場以前の高麗の政治・外交史を簡単にふりかえっておこう。新羅が衰退して分裂状態におちいっていた九一八年、松嶽《ソンアク》《しょうがく》(現在の開城《ケソン》《かいじょう》)の豪族王建《ワンゴン》《おうけん》によって建国された高麗は、九三六年までに朝鮮半島での覇権を確立した。当初は王権の脆弱な状態がつづき、十世紀末から十一世紀初にかけては▲契丹(遼)の侵攻という災厄にもみまわれたが、中国の唐・宋の制度・文物を導入して、これに独自なアレンジをくわえつつ、中央集権的な官僚制国家をきずきあげ、十一世紀後半から十二世紀前半にかけて最盛期をむかえた。

国際関係では、五代の後唐・後晋・後周、および北宋、遼、金など大陸の歴

**開城の高麗王宮址**

**▼契丹**　少なくとも四世紀ころからモンゴリア東部シラムレン河流域で活動していたモンゴル系遊牧民族。九〇七年、耶律阿保機(やりつあぼき)が契丹国を建国し、その後マンチュリアや華北に勢力を拡大して中国風の遼という国号をたてた。遼は一一二五年に女真(金)の侵攻により滅亡したが、契丹人は金・元代を通じて活動している。

● 高麗王系図

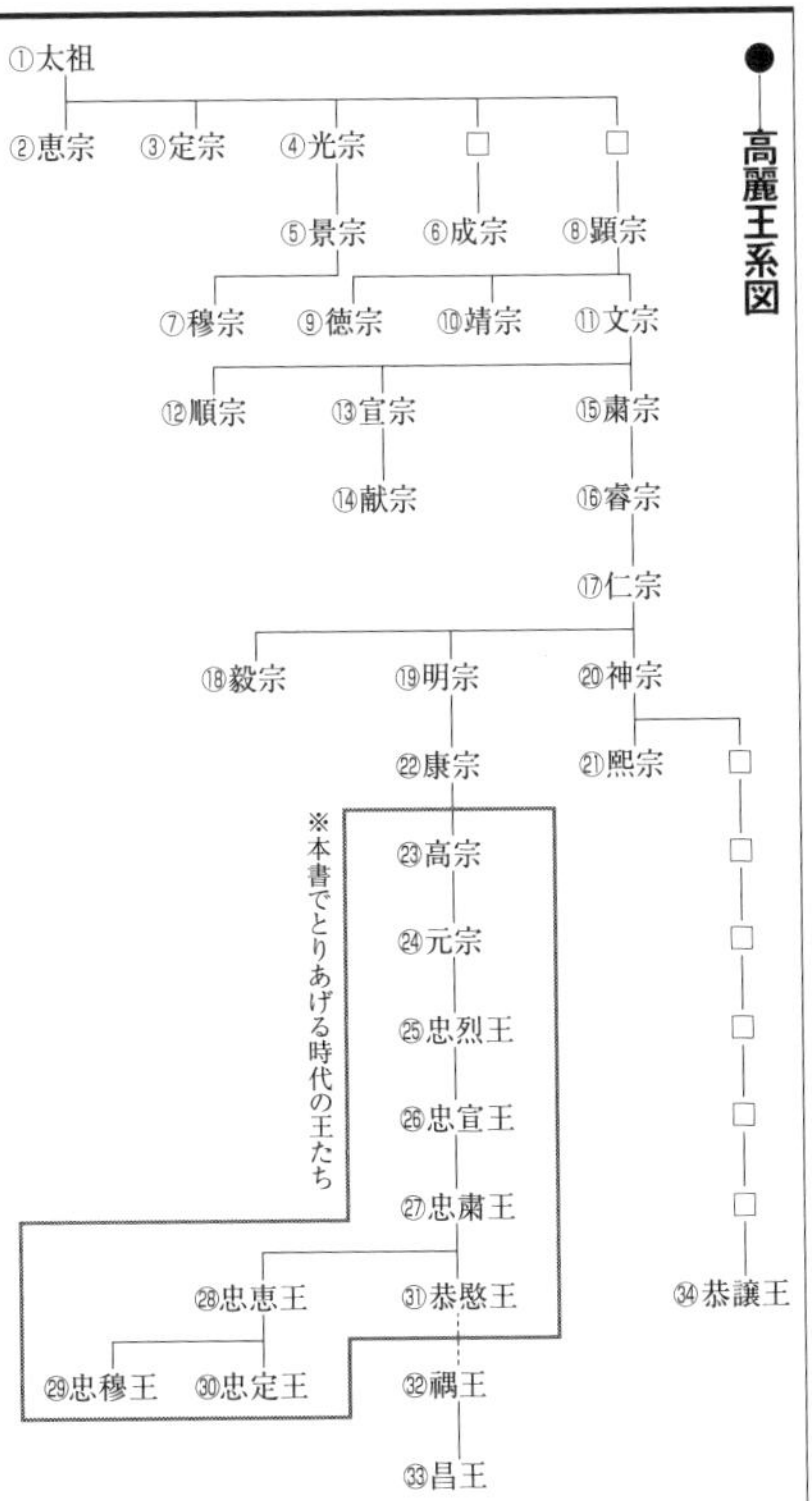


● 高麗の版図(十四世紀後半)

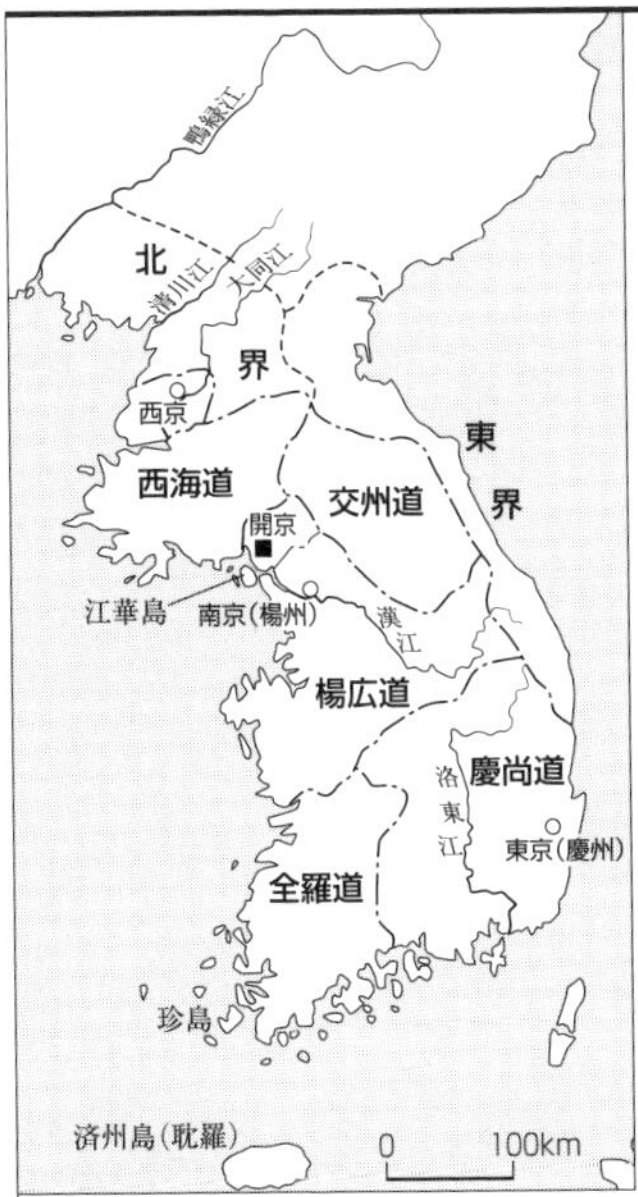


● モンゴル帝室略系図

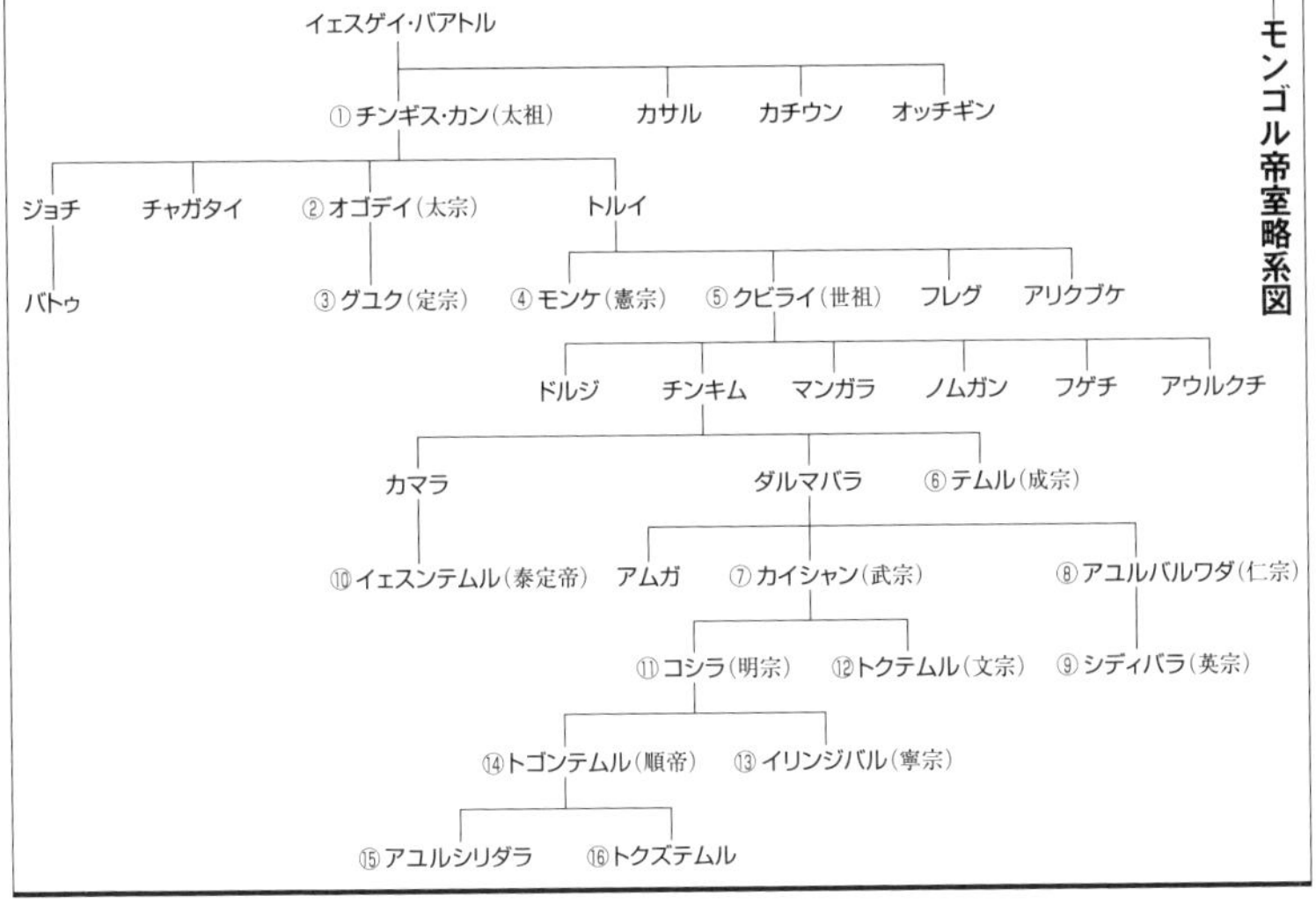

代王朝に対し、朝貢使節を派遣して臣属を表明し、王位の承認(冊封)をうけるという、いわゆる事大▲外交の「形式」(実際の支配をうけるわけではない)を主要な柱とした。しかしいっぽうでは、みずからの君主を中華皇帝と同様な天子・皇帝になぞらえた格式を国制にもりこみ、また北方境外の女真人、南方海上の耽羅《タムナ》《たんら》(済州島《チェジュド》《さいしゅうとう》)人、宋の海商、日本列島からの通交者など、周辺地域の人びとを参列させて自国中心の世界観を表現する儀礼(仲冬八関会儀《ちゅうとうはちかんかいぎ》▲)を挙行するなど、「海東天子▲」と称する強い自尊の姿勢を示した点に大きな特色がある。

高麗盛時の官僚機構は文臣(文官)と武臣(武官)の両班に組織されたが、科挙合格者をトップ・エリートとする文官が政治を主導する文治主義の方針がとられた。しかし一一七〇・七三年の武臣クーデタ事件(庚寅《こういん》・癸巳《きし》の乱)をきっかけに、一部の武臣が権力の中枢に浮上するようになる。そして一一九六年に崔《チェ》《さい》忠献《チュンホン》《ちゅうけん》▲が武臣トップの座にすわると、その権力は絶大になり、「武臣政権」とよび得る容貌をおびてくる。

このように高麗の歴史が新たなステージにはいったとき、そのまえに姿をあらわしたのが、ほかならぬモンゴル帝国であった。

**▼事大**　「大国に事(つか)える」の意味。

**▼仲冬八関会**　毎年旧暦十一月十五日に挙行された高麗の国家祭儀。八関会は本来仏事だが、高麗では国祖神・天神・山川神に対する信仰をおりまぜた固有色の強い祭礼となり、君主の権威を内外に誇示する重要行事となった。

**▼海東天子**　高麗における君主の雅称の一種。高麗では、自分たちの君主も中華皇帝と同様に天から天命をうけた天子であり、かつ中華皇帝の君臨する天下とは異なる東方(海東)の天下を統治するという「多元的天下観」が一般的だったという。

**▼崔忠献**(一一四九～一二一九)　高麗中期の武臣。本貫は牛峯。一一九六年にクーデタによって権力を掌握すると、強力な独裁政権を樹立した。彼の死後も崔氏政権は一二五八年まで存続する。

## ①—モンゴルの侵略と元との講和

### モンゴルの高麗侵攻

一二〇六年にチンギス・カン▲が即位すると、モンゴル帝国は一一年から一五年にかけて金に対し大規模な戦争をしかけた。その過程で内モンゴル地方の契丹人集団がモンゴルに吸収されたが、のちに一部が離反し、モンゴルの追撃を逃れて高麗《こうらい》に闖入《ちんにゅう》した。すると、これを追って一二一八年、哈真《カチン》・扎剌《ジャライル》の二将にひきいられたモンゴル軍が、はじめて朝鮮半島に姿をあらわしたのである。ときの高麗王は高宗《コジョン》《こうそう》▲だったが、高麗政府は軍を派遣し、モンゴル軍と共同して契丹集団を制圧した。これをきっかけに高麗はモンゴルと交渉を開始したが、一二二〇年代前半にはモンゴルの使者が頻繁に高麗をおとずれ、高圧的な態度を示しつつ貢物要求をくりかえしたため、高麗政府は次第に不満を強めていく。

ただしこれはチンギス自身の方針だったわけでもないらしい。チンギスは一二一九年から中央アジアに出征して不在であり、この時期の対高麗交渉はモンゴリアの留守をあずかる末弟テムゲ・オッチギン▲が主導していた。またモンゴ

**▼チンギス・カン**（在位一二〇六〜二七）　モンゴル帝国初代皇帝。キヤト族ボルジギン氏の出身。幼名はテムジン。元代に追贈された廟号は太祖。

**▼高宗**（在位一二一三〜五九）　高麗第二十三代国王。諱は瞋、晊、曔。

**▼テムゲ・オッチギン**（生没年不明）　チンギス・カンの末弟。チンギス・カンからモンゴリア東部に所領をあたえられた弟たち（東方三王家）のなかでも盟主的な存在だった。

ルの使者派遣回数や貢物要求量には、他のモンゴル王族や将帥までがそれぞれ派遣したり要求したりした分もふくまれる。モンゴル帝国の分権的な遊牧貴族連合体としての内情がうかがわれるが、ともあれ交渉窓口が一元化されないまま過大な要求がくりかえされたことは、高麗側をおおいに困惑させたようだ。

こうしたなか、一二二五年にオッチギンの使者が高麗北境で不慮の死をとげると、両国の交渉はいったん途絶する。そして六年後の一二三一年、モンゴルは使者殺害の罪を問うという名目のもと、高麗へ大々的な出兵を開始した。この軍事侵攻は一二五九年に両国が最終的な和平交渉にはいるまで、あしかけ二十九年にわたって断続的に実施された。数え方は論者により異なるが、筆者は便宜的に侵攻軍の指揮官に応じて五回に区分している。

ただし使者殺害の問罪とはあくまで大義名分とみられる。各次の高麗侵攻戦はモンゴル全体の政局や征服戦と連動していた。初期のモンゴル帝国では新皇帝が即位すると最高会議(クリルタイ▲)において国家事業として新たな大規模遠征を企画した。第一次侵攻は太宗オゴデイ▲即位後に開始された金▲攻略戦と並行している。第二次侵攻に際しては、西方ではバトゥ▲がキプチャク平原・ロシア

▼**クリルタイ**　モンゴル帝国支配層の大集会。皇帝の選出、対外遠征など重要国事を議し、また皇帝への忠誠表明の場として重要だった。

▼**オゴデイ**(在位一二二九〜四一)　モンゴル帝国第二代皇帝。チンギス・カンの第三子。元代に追贈された廟号は太宗。

▼**金**　女真族の完顔阿骨打(あくだ)が一一一五年に建国。一一二五年に遼、二七年に北宋を滅ぼした。一二三四年にモンゴルにより滅亡。

▼**バトゥ**(一二〇七〜五六)　チンギス・カンの長子ジョチの第二子。ジョチ・ウルス(キプチャク・カン国)の実質的な創始者。

●モンゴルの高麗侵攻過程

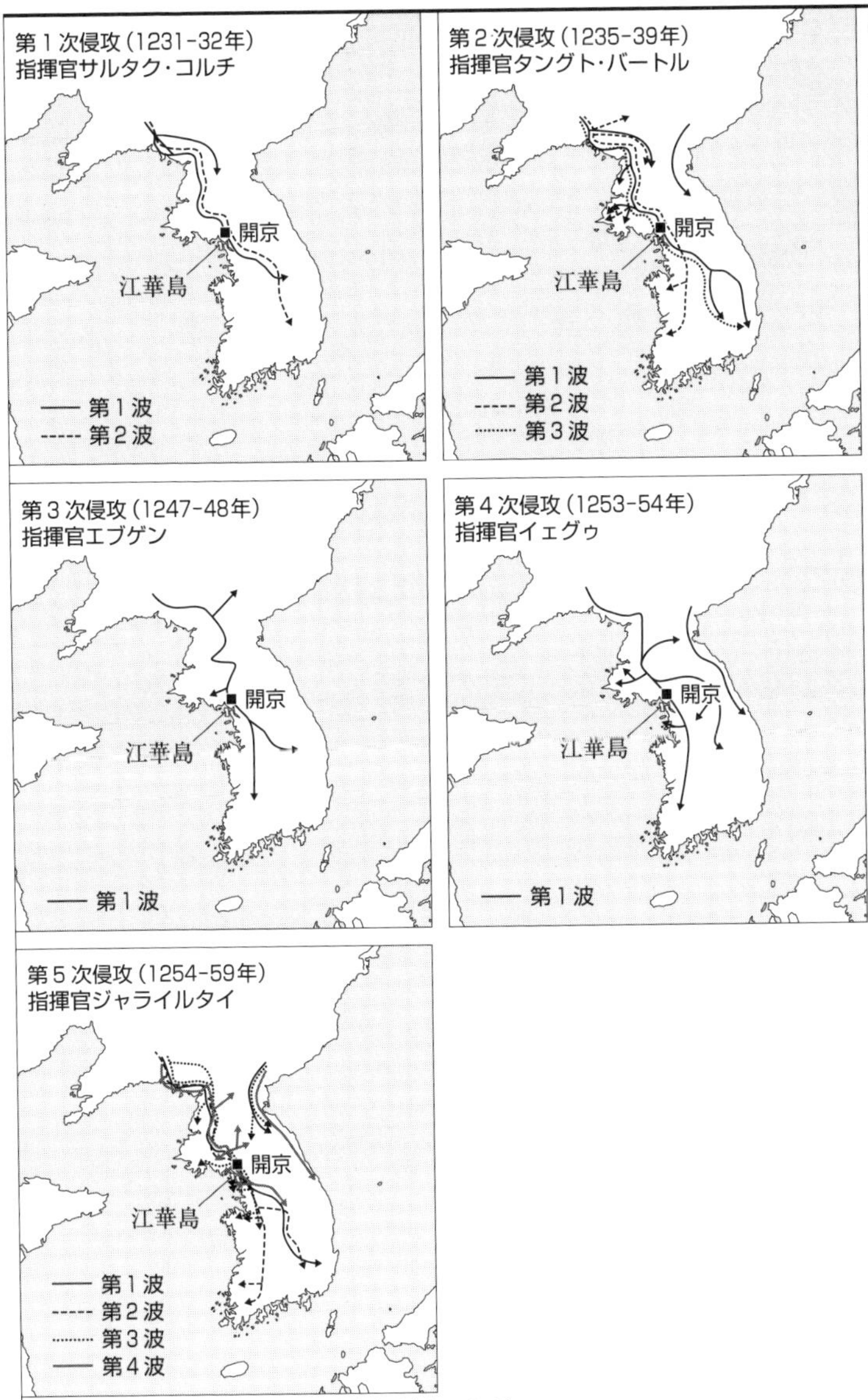


（侵攻ルートは，尹龍爀『高麗対蒙抗争史研究』による）

方面への遠征をおこない、東方では南宋遠征と連動している。定宗グユクの即位をうけて実施された第三次侵攻に際しては、同時に西方遠征が企画されていた。第四次・第五次侵攻は、憲宗モンケの即位とともに開始されたフレグの西アジア遠征、クビライの雲南遠征と並行している。

ところで、こののち一二六七年に日本にむけて送られた元の国書には、「兵を用いるにいたることは、いったい誰が好もうか（至用兵、夫孰所好）」という有名な「脅し文句」が登場する。しかしこの言い回しは婉曲なほうであり、第一次侵攻の際に高麗に送られたモンゴル側の文書には、

> 〔命令を〕受け取って受け入れない者は、目があればつぶれろ、手があればなくなれ、足があれば跛になれ。（所得不秋底人、有眼瞎了、有手没了、有脚子瘸了）
>
> （『高麗史』巻二三・高宗世家・十八年十二月壬子）

という、よりストレートな呪い文句がならんでいる。

もっともこうした表現は、モンゴルの発令文では定型化された「決まり文句」にすぎない。イランに駐屯する将軍バイジュにあたえられた定宗グユクの親書（一二四七年にローマ教皇使節が入手し、ラテン語訳が伝わる）にも、

▼**グユク**（在位一二四六～四八）　モンゴル帝国第三代皇帝。オゴデイの長子。元代に追贈された廟号は定宗。

▼**モンケ**（在位一二五一～五九）　モンゴル帝国第四代皇帝。チンギス・カンの第四子トルイの長子。元代に追贈された廟号は憲宗。

▼**フレグ**（一二一八～六五）　チンギス・カンの第四子トルイの第六子。一二六一年、出征先の西アジアでフレグ・ウルス（イル・カン国）を創始。

▼**クビライ**（一二一五～九四）　モンゴル帝国第五代皇帝（在位一二六〇～九四）で元の創始者。チンギス・カンの第四子トルイの第四子。廟号は世祖、セチェン・カアンと贈諡。

汝に確言する、この我が命に耳を傾けない者は、何人であろうと耳が聞こえなくなり、この我が命を認めながら実行に移さない者は、何人であろうと目が見えなくなり、講和を認めて我が見解に従おうとしながら、講和を実行しない者は、何人であろうと跛となろう。（海老澤哲雄訳）

と、同様な文言が記される。もとよりモンゴル側の「つもり」と受け手の「うけとめ方」は別だが、要するにそれは異文化接触にともなう齟齬・摩擦である。

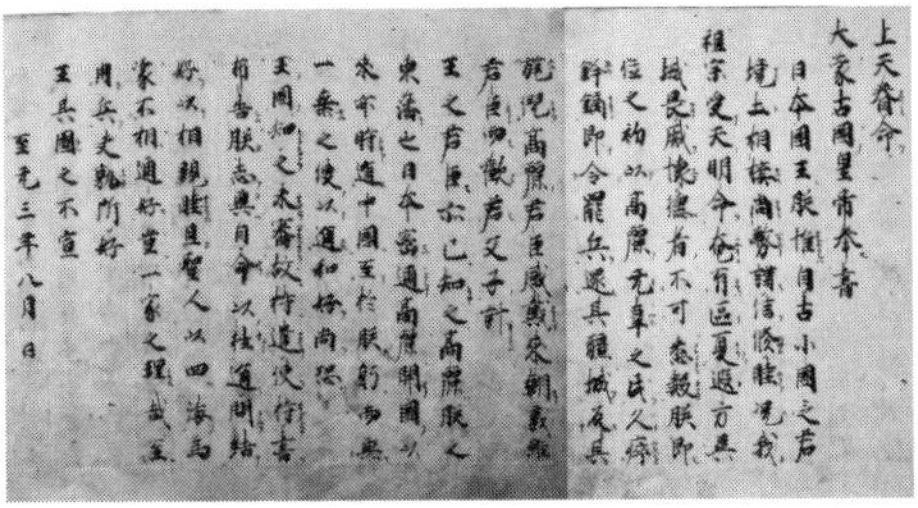
上天眷命
大蒙古国皇帝奉書
日本国王朕惟自古小国之君
境土相接尚務講信修睦况我
祖宗受天明命奄有区夏遐方異
域畏威懐徳者不可悉数朕即
位之初以高麗無辜之民久瘁
鋒鏑即令罷兵還其疆域反其
旄倪高麗君臣感戴来朝義雖
君臣而歓若父子計
王之君臣亦已知之高麗朕之
東藩也日本密邇高麗開国以
来亦時通中国至於朕躬而無
一乗之使以通和好尚恐
王国知之未審故特遣使持書
布告朕志冀自今以往通問結
好以相親睦且聖人以四海為
家不相通好豈一家之理哉至
用兵夫孰所好
王其図之不宣
至元三年八月　日

**一二六七年の元の国書写**
（『調伏異朝怨敵抄』より）

**江華島**

## 高麗政府の抵抗

武臣崔氏政権下の高麗は一二三一年の最初の侵攻をうけ、いったんは降伏するが、まもなくモンゴルから派遣されたダルガチ（監視官）を殺害して抵抗を開始する。一二三二年には国都を本土の開京《ケギョン》《かいけい》からその南方近海の江華島《カンファド》《こうかとう》にうつし、地方の官吏と民衆は山城や海島にたてこもらせた。

戦争が長期化した理由について、内陸出身の遊牧民が海を苦手にしたというだけでは皮相な見方だろう。高麗に侵攻したモンゴル軍には契丹・女真人や投降した高麗人などモンゴル人以外の部隊がふくまれていたし、江華島と半島本

**江華島**（左手）**と本土**（右手）**の間の水道**

▼**高麗大蔵経**　高麗で彫板・印刷された大蔵経。十三世紀に再彫された版木は慶尚北道陜川の海印寺に現存し、ユネスコの世界記録遺産に登録された。

土の間は海といっても川のように狭い水道である。この程度の水面の存在自体が障碍《しょうがい》となるならば、内陸部での軍事行動もおぼつかないだろう。

ただ江華島の周辺海域は最大九メートルを超える世界有数の干満差をほこり、激しい潮流が発生し、また広大な干潟の泥濘《でいねい》でかこまれている。イタリアの水上都市ヴェネツィアも街をかこむ干潟（ラグーナ）によって外敵から守られていたというが、こうした自然の障壁がモンゴル軍に江華島への渡海作戦を躊躇させた可能性もあながち否定できない。ただ国都への直接攻撃にこだわらず朝鮮半島各地にひろがったモンゴル軍の動きからみて、そもそも当初、彼らに高麗政府を早期に屈服させる意志がどこまであったのかも問題であろう。

いっぽう江華島の高麗政府は、南部の穀倉地帯から水上輸送（漕運《そううん》）によって物資を運び、財政をささえた。これにより権力者の豪奢な暮しは維持され、モンゴル軍の退散を祈る仏教法会《ほうえ》など、各種の行事が盛大に挙行された。十一世紀につくられた高麗大蔵経▲の版木がモンゴル軍に焼かれると、高麗政府はこれをただちに再版した。護国の願いとはいえ、それが可能だったのも、財源の裏づけがあったからである。高麗前期以来の宋との海上貿易も維持されていた。

海印寺の再彫高麗大蔵経版

モンゴル軍の攻城戦

（Die Diez-Alben より）

このころ高麗伝統の国軍は形骸化しており、そのため崔氏政権は新たに三別抄を編成した。別抄とは特別選抜軍のことで、三別抄は、当初治安部隊として編成された左右二班の夜別抄と、モンゴル軍の捕虜となったのちに脱出してきた者たちを編成した神義軍の三部隊からなる。しかし、かぎられた中央の主力部隊が国都防衛を主務としつつ各地の戦線をカバーするのはとうてい不可能であり、地方の人びとは苦しい戦いのなかで多大な犠牲を強いられた。

山城での戦闘例として、高麗西北辺の亀州城《クジュ》（現在の平安北道亀城《ピョンアンプクトクソン》）の攻防戦をみてみよう。守将のひとり朴犀《パクソ》《ほくさい》の伝記によると（『高麗史』巻一〇三）、一二三一年、本城を数重に包囲したモンゴル軍は、まず城門に攻勢をかけ、高麗軍はこれに応戦、城外に突出して撃退した。するとモンゴル軍は楼車（櫓）をおしたてて城壁に迫り、地下道を掘って侵入をはかったが、城内の高麗軍は溶鉄を注ぎこんで楼車を焼き、坑道をつぶした。さらにモンゴル軍が砲車（投石機）で攻撃をくわえると、高麗側も砲車を城壁にすえて応戦し、モンゴル軍が火攻めを試みると水や泥でこれを防ぎ、モンゴル兵が雲梯《うんてい》（はしご）をよじのぼってくると、「大刃」でこれを破壊し、ついに城を守りぬいたという。

いっぽう海島では、多くの場合、直接の戦闘こそまぬがれたが、過剰な人口を収容して水や食糧の不足に苦しむところもあった。のちに日本侵攻の指揮をとる金方慶《キムバンギョン》《きんぽうけい》▲がたてこもった西北部の葦島《ウィド》《いとう》では、沿岸干拓による農地造成と貯水池の築造によって危機をのりきったという(『高麗史』巻一〇四・本伝)。

一二五四年の記録には、「モンゴル兵が捕らえた男女はおよそ二十万六千八百余人。殺戮した者は数えきれない」と記される(『高麗史』巻二四・高宗世家・四十一年是歳)。にもかかわらず、住民を保護すべき高麗政府の苛斂誅求《かれんちゅうきゅう》ははなはだしく、そのため民衆は「かえってモンゴル兵がくるのを喜ぶ」ありさまだったという(同・四十三年二月是月)。こうしたなかから、みずからの利害のためにモンゴル側に寝返る者もあらわれてくる。その中心は、西京(平壌)の将校洪福源《ホンボグォン》▲や龍津《ヨンジン》(現在の江原道元山《カンウォンドウォンサン》)の住人趙暉《チョフィ》《ちょうき》▲のように、もっとも被害の大きい北方辺境地帯の人びとだった。ほかにも王族の永寧公綧《ヨンニョンゴンチュン》《えいねいこうしゅん》▲などは、モンゴル宮廷に人質として送られながら、本国政府にみすてられた状態となったため、ついにモンゴルに寝返る道をえらんだ。

高麗政府も手をこまねいていたわけではない。抗戦のいっぽうでは外交によ

▼**金方慶**(一二一二～一三〇〇)　高麗後期の武将・高官。本貫は安東、字は本然。三別抄鎮圧戦(一四～一六頁参照)と日本侵攻では高麗軍の前線司令官として従軍した。

▼**洪福源**(一二〇六～五八)　本貫は唐城。一二三三年にモンゴルに投降、遼陽・瀋陽地域に流入した高麗人社会の統括者となる。

▼**趙暉**(生没年不明)　一二五八年に東北地域の長官(東北面兵馬使)を殺害してモンゴルに投降した。

る事態打開が模索されていた。この点はモンゴルとの交渉自体を拒絶した日本との大きな違いである。このとき高麗は、モンゴル皇帝はもとより、侵攻軍の指揮官やチンカイ▲(ウイグル人)・粘合重山《ねんごうじゅうさん》(女真人)・耶律楚材《やりつそざい》▲(契丹人)といった宮廷書記官にも国王名義で親書を送っている。こうした官人への書状の形式には、丁重の意をあらわす書簡である啓《けい》▲が主として用いられたらしい。高麗王が外国の官人に対して辞を卑《ひ》くして親書を送るのはきわめて異例である。

しかし、多くの犠牲をだしながら政府が展望をひらけないでいることに対しては、やがて廷臣からも批判の声があがるようになった。宰相のひとり崔璘《チェリン》《さいりん》は、

いま民で生き残っている者は十のうち二、三にすぎない。モンゴル軍が去らなければ民は農業ができず、みな彼に投降してしまうだろう。〔そうなれば〕江華島ひとつを守ったところで、どうやって国を治めるというのか。

(『高麗史』巻九九・崔惟清伝附本伝)

とのべている。当初のモンゴル軍の行動パターンは、各地を略奪しつつ移動し、やがて高麗国外に立ち去るというものだったが、第五次侵攻では半島内にいすわるようになった。その攻勢は江華島近辺にせまり、船舶で島々を直接攻撃す

▼**永寧公綧**(一二二三～八三)　高麗後期の傍系王族。第八代国王顕宗の子平壌公基の後孫。一二四一年に休戦の見返りとしてモンゴルに人質となったが、その後モンゴルに協力。洪福源と同様、遼陽・瀋陽地方の高麗人社会の統括者となった。

▼**チンカイ**(?～一二五一?)　ケレイト族説もある。モンゴル帝国初期、文書行政の中心的担い手だった。

▼**耶律楚材**(一一九〇～一二四四)　字は晋卿、号は湛然居士。はじめ金に仕えたが、一二一五年にモンゴルにくだった。漢文文献に「中書令」などと記されることからモンゴルの宰相になったといわれてきたが、誤解である。

▼**啓**　高麗が範をとった唐制では、皇太子や官府の長に対する上申文と規定されるが、一般官人同士の上行文書として、また私人間において丁重の意をあらわす書簡文として、広く用いられた。

るようにもなる。ただモンゴルは圧迫を強めるいっぽうで、従来講和条件としてきた「国王の出頭」を「王太子の出頭」に緩和するなど、交渉態度を軟化させてもいた。こうして危機と好機が交錯するなか、円滑な権力継承に失敗して求心力を低下させていた崔氏政権は、一二五八年、宮廷クーデタによって打倒される。こうして高麗政府は、抗戦の責任を崔氏政権におしつける形でモンゴルとの講和にふみきったのである。

## クビライとの講和と相互不信

　一二五九年、高麗の王太子倎《チョン》《てん》（のちの元宗）▲は父高宗の名代として、ときの皇帝憲宗モンケのもとへ出立した。当時モンケは南宋攻略のため四川方面の陣中にいた。ところが倎の到着前にモンケは病没し、モンゴルでは長江に進出して南宋と対峙していた弟のクビライと、さらにその弟でモンゴリアの留守をあずかっていたアリクブケ▲との間で、帝位をめぐり緊張がたかまった。

　こうしたなか、倎は北上するクビライと「汴梁《べんりょう》の郊」（現在の河南省開封付近）で対面した。高麗の史書はこのときクビライが、長年屈服しなかった高麗の太

▼**元宗**（在位一二六〇～七四）　高麗第二十四代国王。高宗の長子。諱は倎、禃。

▼**アリクブケ**（?～一二六六）　チンギス・カンの第四子トルイの第七子。兄クビライとの帝位継承戦にやぶれるが、同時代には彼を正統な皇帝とみとめる立場もあった。

子が来投したのは天意であると歓喜したと記す。帝位継承戦にのぞむクビライにとって、高麗の帰服は自身の正統性を内外に宣伝する材料となる。ゆえにこのことは、高麗がクビライに「率先帰服」した大功とみなされるようになる。

しかしこれは後づけの理屈であり、実際のところ、倎がクビライと対面したのはたんなるなりゆきか、少なくとも高麗が帰服相手にクビライを選んだというほどの重みはなかった可能性が高い。クビライ側でもその後、同行させた太子一行を放置していたらしい。そのため、ほどなく高麗から高宗死去の報がとどくと、クビライの幕僚たちは、太子をこのまま帰した場合、高麗がふたたび離反するのではないかとおそれた。そこで倎への待遇を改善したうえで新国王として承認し、護衛をつけて帰国させることにしたのである。

こうして倎が即位したが、この元宗政権に対し、当初クビライ政権(一二七一年に国号大元を制定)は穏便な姿勢でのぞんだ。高麗に進駐していた軍を撤収させ、一度は派遣したダルガチもよびもどした。また旧来の体制維持を保証し、江華島から開京への還都にも猶予期間をみとめた。しかし一二六四年にアリクブケに勝利して政権が安定してくると、元の対高麗姿勢は次第に硬化してくる。

還都の実行のほか、服属国の定例義務として、①国王の出頭、②質子《ちし》（禿魯花《トルガク》、詳細は四一～四五頁参照）の提出、③戸籍の提出、④軍事協力、⑤糧食その他の物資の供出、⑥駅伝（站赤《ジャムチ》）▲の設置、⑦ダルガチ（監視官）の設置などが要求されるようになったのである。

いっぽう高麗側では、崔氏政権崩壊後も金俊《キムジュン》《きんしゅん》▲にひきいられた武臣政権が存続し、依然として反モンゴル的な傾向をたもっていた。元宗は一二六四年に高麗王としてはじめて元に出頭するなど、対元関係にも積極的だったが、これに拒絶姿勢を示す金俊との対立が深まるなか、その他の要求については満足に履行しない状態がつづき、元は次第に高麗に対して不信感を強めていく。

▼**站赤**　モンゴル帝国が広大な領域に整備した駅伝制度。モンゴル語で駅をジャムといい、ジャムチとは本来その要員をさす。站、站赤はこれらを漢字音写したもの。

▼**金俊**（?～一二六八）　高麗後期の武臣。当初は金仁俊。奴婢身分の出身ながら崔氏政権下で頭角をあらわし、一二五八年には崔氏政権転覆の立役者となった。その後は武臣政権を継承したが、国王元宗と対立し、一二六八年に部下の林衍（イムヨン／りんえん）に殺害された。

# ②—日本経略と対元関係の変化

## 対日「招諭」事業

こうしたなかで一二六六年、クビライは突如日本に対する「招諭」(朝貢勧告)の意志を明らかにし、使者黒的《こくてき》らを高麗《こうらい》に送った。高麗政府はその日本渡航の先導を命じられたが、これに対する対応は、当時の高麗の対元姿勢を如実にあらわしている。

このとき高麗政府は黒的らを朝鮮半島南東岸の巨済島《コジェド》《きょさいとう》に誘導した。たしかに巨済島は対馬島まで最短の位置にあるが、当時高麗の対日通交窓口は金海《キメ》《きんかい》(金《クム》州《ジュ》)であり、そこに倭人接待所も存在した。さらに高麗の宰相李蔵用《イジャンヨン》▲は、黒的に対して航海の危険と日本との交渉の無益を説き、ついに渡航を断念させた。そしてクビライへは①渡海の危険、②日本における使者の身の危険、③元来高麗は日本と通好していないことを告げ、遣使の中止を正当化しようとした。

しかしそもそもクビライは高麗側の抵抗を予想し、上記の三点を口実とする命令不履行は許さないと、あらかじめ釘をさしていた。にもかかわらず高麗が

▼**李蔵用**(一二〇一〜七二)　高麗後期の文臣。本貫は慶源、字は顕甫。元宗期の宰相として、元との交渉に尽力した。

**朝鮮半島南東沿岸部**

**巨済島の多大浦**　元使がいたった松辺浦に比定される。

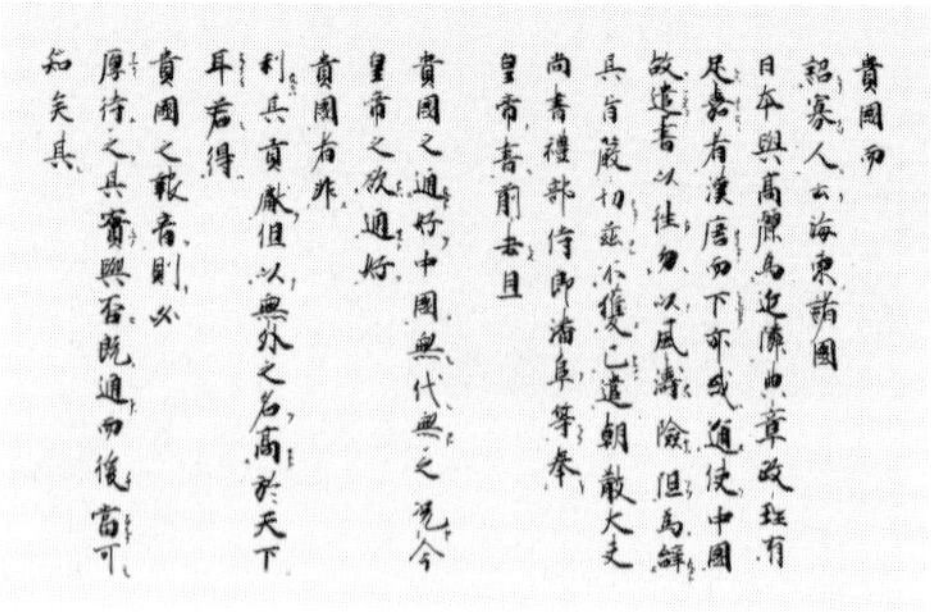
貴國而
紹寡人云海東諸國
日本與高麗為近隣典章政理有
足嘉者漢唐而下亦或通使中國
故遣書以往勿以風濤險阻為辭
其旨嚴切茲不獲已遣朝散大夫
尚書禮部侍郎潘阜等奉
皇帝書前去且
貴國之通好中國無代無之況今
皇帝之欲通好
貴國者非
利其貢獻但以無外之名高於天下
耳若得
貴國之報音則必
厚待之其實與否既通而後當可
知矣其

元宗国書写（部分）

同じ理屈をならべたのであるから、クビライは激怒し、高麗の責任で元の国書を日本にもたらすことを要求した。かくして一二六七年末に高麗の使者潘阜《はんぷ》《パンプ》が日本にわたるのだが、ここでの高麗側のうごきもまたスリリングである。

奈良の東大寺に伝わる『調伏異朝怨敵抄《ちょうぶくいちょうおんてきしょう》』には、このとき日本に送られたクビライの国書の写しとともに、「日本国王」宛に送られた元宗の国書と、来日後に潘阜らが大宰府にさしだした書状の写しがあわせておさめられている。

元宗の国書では、かつてモンゴル官人に対して用いた文書と同様、丁重の意をこめた啓《けい》の書式を使用している。しかも敬意の表現として、日本に関わる用語には平出（改行）をほどこしたが、同じ文書内で元に関わる用語も同様に処理している。クビライの国書では元朝皇帝に関わる用語にはより格式の高い抬頭（改行して行頭をより高い位置におく）をほどこしているので、高麗は本来これにあわせるべきところである。にもかかわらず、日本を元と同格にあつかったのである。また内容面でも、「招諭」に協力をもとめる元の要求に高麗は「やむを得ず」（不獲已）したがっているとしつつ、日本に対し、「一介之使」を派遣してとりあえず様子をうかがってはどうかと勧告している。この言い回しがただちに元に対する非礼といえるかどうかはともかく、高麗が「招諭」活動に消極的であることを示し、元側の意向を軽視しているようにもみえる。おそらくは日本側の反発をやわらげようという配慮ではなかろうか。

そしてそれ以上に過激なのは、潘阜ら高麗使が大宰府の長官（当時実質的な大宰府の責任者は御家人の大宰少弐《だざいしょうに》▲武藤氏）に宛てた書状である。ここで潘阜らは、金海の倭人接待所の隠蔽、対日遣使のひきのばしなど、高麗が元のもくろみを意図的に妨害してきた事実を暴露している。のみならず、文書の表記形式において、日本に関する用語には平出をほどこしたのに対し、元に関する用語は闕《けつ》字《じ》（前に空白をおく）にとどめ、元を日本よりも格下に表現したのである。

このように高麗は、元側に露見すればみずからを危険にさらしかねない「好意」を日本側に示し、善処をもとめた。もちろん一義的には日元間の争いにまきこまれることを避けるための方便だろうが、かかる配慮は高麗側の「片思い」で終わらなかった可能性がある。元の「招諭」に対し、京都の朝廷や鎌倉幕府が強く反発したことは周知のとおりだが、その後一二六九年、再訪した元・高麗使節団と衝突して連行された対馬島民が高麗を通じて送還された際、

**▼少弐**　日本の律令官制における大宰府の属官。主神、帥、大弐などの上級官は平安時代以降はほとんど現地に赴任せず、少弐が実質的な責任者となる。鎌倉時代にはいると、御家人の武藤氏が世襲し、やがて少弐氏とよばれるようになる。

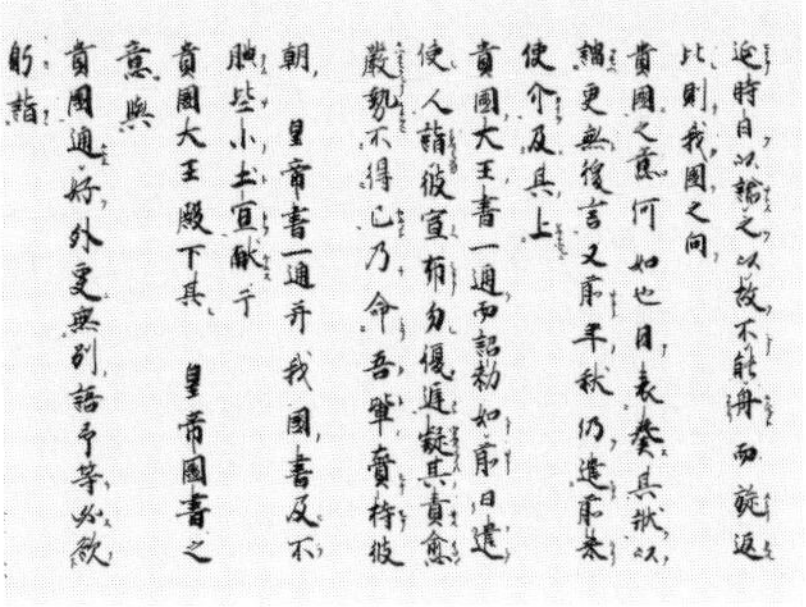

**高麗使節書状写**（部分）

あわせて元の中書省と高麗慶尚道《キョンサンド》《けいしょうどう》の按察使《あんさつし》▲の書状が送られた。このとき日本の朝廷では元に対する返書において、神国意識もあらわに強硬な姿勢を示したが、高麗に対する返書では、高麗との「前好」と「盟約」にふれ、むしろ対馬島民側がトラブルの原因をつくったことに遺憾の意を示すという友好的な返答を用意している(『本朝文集』巻六七。ただしこれらの文書は送付されなかった)。

　大宰府の実質的な責任者である武藤氏は、十三世紀初め以来、高麗とは倭寇▲の禁圧や通商に関して交渉をおこなってきた経験をもつ。元の「招諭」直前、一二六三年にも高麗と倭寇禁圧交渉をおこない、また武藤氏に関係するとみられる日宋貿易船(大宰府少卿殿白商船)が高麗に漂着して保護されている。対馬海峡をはさんだ前代からのネットワークが開戦前夜まで維持されており、これを通じて衝突の回避が模索された可能性があるのである。

## 武臣政権の崩壊と三別抄の蜂起

　日本「招諭」に対する高麗の消極的対応は元側の不信感を増幅させた。高麗には各種の要求不履行に対する問責があいつぎ、一二六九年に元の枢密院▲は、

▼**按察使**　高麗時代、広域行政区画である道におかれた地方監察官。

▼**倭寇**　倭寇と呼ばれる海賊集団には、十四世紀後半に朝鮮半島沿岸を中心に活動した前期倭寇と、十六世紀に中国南部沿岸を中心に活動した後期倭寇があるが、ここでいう倭寇は十三世紀に朝鮮半島南岸を襲ったもので、後世のものと区別して初期倭寇といわれる。対馬島を中心とする九州北部沿岸地域の人びとがおもな担い手だったとみられる。

▼**枢密院**(元)　軍事関係の機務をつかさどる中央官庁。

日本経略を名目に高麗へ兵を送りこみ、これを完全征服するプランをも提案した。そのころ高麗では権臣金俊が国王元宗と結んだ部下の林衍《イムヨン》《りんえん》▲により殺害されたが、今度は金俊の後釜にすわった林衍が元宗と対立し、ついに王を廃して王弟の安慶公淐《アンギョンゴンチャン》《あんけいこうしょう》を擁立するという挙にでた。

元が公認した国王を無断で廃することは、元の権威に対する挑戦とみなし得る行為であり、実際、元はこれを高麗の叛逆と位置づけた。しかしすでに高麗情勢が緊迫したなかで強硬策にでることは、かえって彼らに抗戦の意志をかためさせるばかりか、当時元が攻略を本格化させた南宋と高麗が手を結ぶ危険性も憂慮された。そこで元は、高麗をひとまず懐柔し、責任者を処罰するにとどめて南宋や日本への経略に協力させ、その後になおも反意がうかがえればあらためて対処するという、柔軟な対応方針を選択したようである。

おりしも使者として元を訪れていた高麗の世子《せいし》▲諶《シム》《しん》(のちの忠烈王▲)は、廃立事件を知ってクビライに林衍の討伐を要請した。そこでクビライは、世子に特進(正一品)の地位と三〇〇〇の軍をさずけるいっぽう、ジャライル族長の頭輦哥《とうれんか》の指揮下に軍勢を動員し、高麗を威圧しつつ問責使を派遣した。

▼**林衍**(?〜一二七〇)　高麗後期の武臣。本貫は鎮州。対モンゴル戦の功績により任官して金俊の腹心となり、崔氏政権の転覆に貢献した。

▼**世子**　高麗ではもともと王の後嗣を太子と称したが、対元交渉の過程で皇帝配下の諸侯としての立場に即して世子に改称した。この変化は一二六九年の国王廃立事件をきっかけにおこったようである。

▼**忠烈王**(在位一二七四〜九八／一二九八〜一三〇八)　高麗第二十五代国王。元宗の長子。諱は諶、賰、昛。

▼**承化侯温**（?〜一二七一）　高麗後期の傍系王族。第八代国王顕宗の子平壌公基の後孫。

元の圧力に動揺した林衍が元宗を復位させると、元宗は釈明のため元におもむいた。同じく出頭命令をうけた林衍はこれを拒否したが病死してしまう。その地位は子の惟茂《ユム／いも》にひきつがれたが、元宗の帰国とともに元の大軍が高麗にはいってくると、国王不在の高麗宮廷ではクーデタがおこり、林惟茂は殺害される。かくして一二七〇年、約一世紀間におよんだ武臣執権期はおわりをつげた。

武臣政権の武力基盤だった三別抄には解散命令がくだされた。しかし反発した三別抄はいっせいに蜂起して江華島を脱出、朝鮮半島南西端の珍島《チンド／ちんとう》を拠点に王族の承化侯温《スンファフォン／しょうかこうおん》▲を擁立し、亡命政権を発足させた。三別抄は海上の軍事活動に能力を発揮し、一時は南西部を中心に朝鮮半島南岸地域に勢力を広げた。元と開京《ケギョン／かいけい》に還都した高麗政府はこれに手を焼いたが、やがて態勢をととのえて本格的な鎮圧戦にのりだすと、三別抄の動きは徐々に封じこめられてゆく。

こうしたなか、三別抄は日本に書状を送った。文面はほとんど伝わらないが、状況を正確に把握できなかった日本側が疑問点を整理した文書「高麗牒状不審条々」が伝わっている。他の関連記録とあわせてこれをみると、モンゴルに対する敵愾心を示しつつ日本に共闘を求める内容だったことがうかがわれる。こ

**三別抄の拠点移動**

江華島からの脱出港「仇浦」比定地

珍島の拠点 龍蔵城

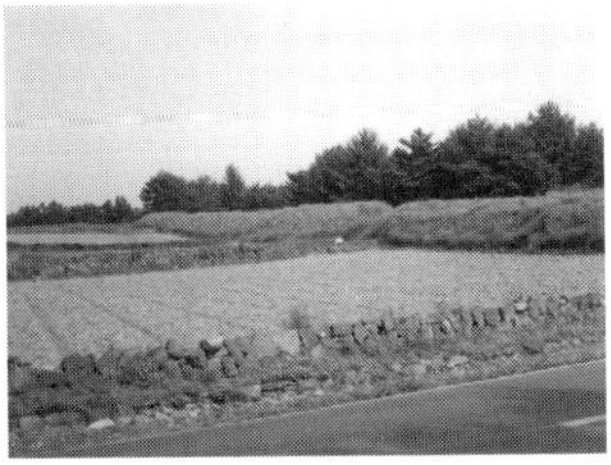
済州島の拠点 缸波頭城

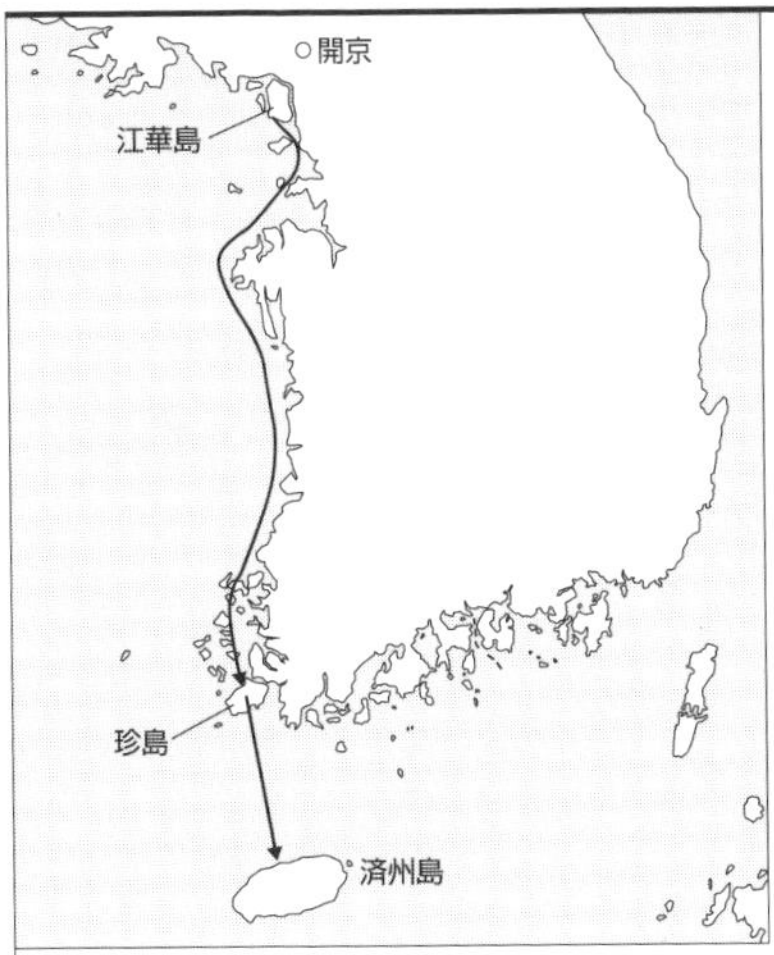


**高麗牒状不審条々**（東京大学史料編纂所蔵）

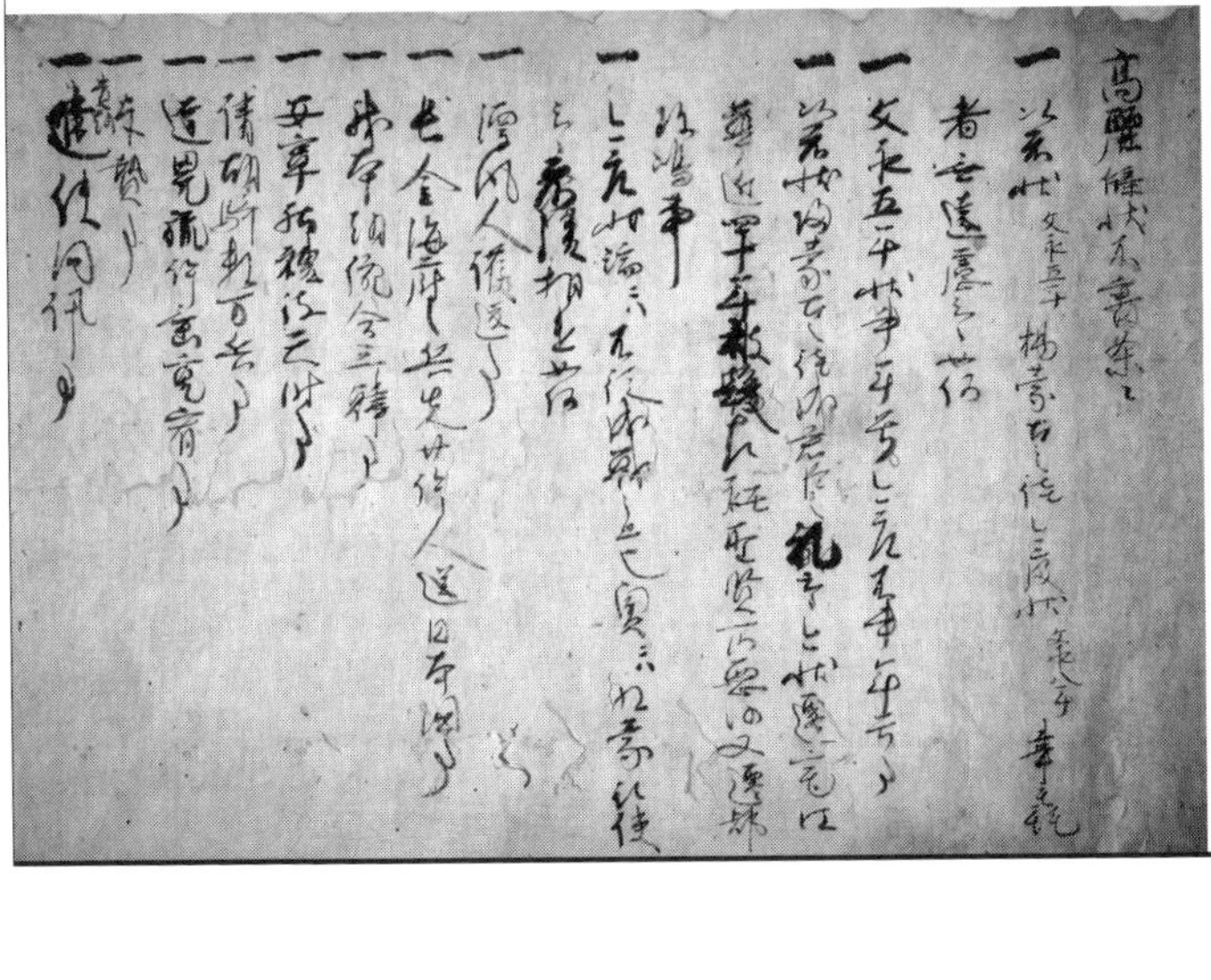

▼二月騒動　一二七二年に鎌倉幕府でおこった執権北条一門の内紛。得宗(惣領)家に対して自立性の強い名越氏の時章・教時兄弟と、ときの執権時宗の庶兄である時輔が幕府方によって討たれた。

▼朝鮮他律性史観　朝鮮民族には主体性がなく、中国を中心とする周辺諸国の影響によって政治・文化等の歴史が展開してきたとする歴史観。朝鮮社会には発展がないとする朝鮮停滞史観とともに、近代日本の朝鮮支配を必然視・正当化する論理としても言及される。

のころ南宋側でも日本人留学僧を使者として日本に送りこみ、元の「招諭」の妨害をはかった形跡があるが、日本の為政者はこうしたはたらきかけに明確に反応せず、連携は成立しなかった。

珍島の三別抄政権は主将の裴仲孫《ペチュンソン》《はいちゅうそん》が元と講和交渉を試みるなど変則的な動きもみせるが、一二七一年に攻略され、残存勢力は済州島《チェジュド》《さいしゅうとう》に逃れる。しかしこの地も一二七三年に攻略された。かくして三別抄の抵抗は終息したが、その活動は元・高麗軍が朝鮮半島南岸地域に進出するのを妨げ、あくまで結果論だが、元の日本侵攻を遅延させた。これにより鎌倉幕府は当時直面していた二月騒動▲などの政情不安を収拾し、防衛体制をかためる時間的な猶予を得た。

現在の南北朝鮮において三別抄は護国の英雄として称揚される。ただこうした外圧に対する「わかりやすい」形の抵抗ばかりが注目されることに、筆者はある種の違和感をおぼえる。こうした論調は、戦前日本における朝鮮他律性史観▲に対する批判から、戦後、日本と南北朝鮮でともにさかんになるが、ラディカルな抵抗運動に無前提な価値をあたえると、現実にはそうした活動がしばしば挫折した事実を逆に浮かびあがらせ、他律性のイメージを再生産しかねない部分がある。もちろん抵抗の失敗という結果論だけでその歴史的意義を否定するつもりはないが、少なくともそうした活動にくわわらなかった者たちの存在が捨象されてはなるまい。三別抄が注目されるあまり、鎮圧する側であった高麗政府の、ともすれば「わかりにくい」主体のあり方が軽視されてはいないだろうか。なにしろその後、元の巨大な影響のもと、それでも「高麗」という枠組みを維持し、つぎの時代へとひきついだのは、彼らなのである。

## 対日戦役をめぐる葛藤

武臣政権の崩壊により高麗では約一世紀ぶりに「王政復古」が実現した。しかし元側の不信感を払拭し、王朝の保全をはかるため、高麗は元に対し積極的な協調姿勢をとる必要があった。後述するモンゴル公主の降嫁や、質子《ちし》の派遣、また三別抄の鎮圧戦などもその一環だが、従来消極的だった日本経略についても、いちおう協力姿勢に転じることになった。ただしこの段階では物資供出の負担軽減をはかるなど、たぶんに消極性も残している。そうしたなかで一二七二年、当時世子として元に入質していた忠烈王が、おもいますに、かの日本はいまだ皇帝の徳化をこうむらず、それゆえ詔使を発し、ついで軍容を輝かすこととなり、戦艦と兵糧はいままさに必要とするところです。もしこのことを臣にゆだねてくだされば、心身をつくして、わずかなりとも官軍をお助けしようと願います。

（『高麗史』巻二七・元宗世家・十三年二月己亥）

とのべたことは、対元協調に熱心だった同王が対日経略にも積極的だったことを示すかにもみえる。ただし関係史料では、これを、ともに入元した従臣たちのホームシックの声におされて一時帰国するための口実だったとしている。

日本経略に対する高麗政府の協力姿勢は、第一次戦役（日本史上の文永の役）後、第二次戦役（日本史上の弘安の役）にいたる間、より積極的になる。それは一二七八年、すでに即位した忠烈王のつぎのような発言にあらわれている。

日本は一島夷にすぎないにもかかわらず、険阻をたのんで服さず、あえて官軍にあらがっています。臣がおもいますに、〔日本が元の〕徳に報いることはないでしょう。願わくは、あらためて戦艦を造って兵糧を積みこみ、〔日本の〕罪を唱えて討伐すれば、必ずや成功するでしょう。

（『高麗史』巻二八・忠烈王世家・四年七月甲申）

第一次対日戦役ののち、元はただちに高麗に再攻準備を命じたが、一二七五年末には撤回している。右の忠烈王の発言を一見するかぎり、高麗がみずから戦争再開を求めたかのようにみえる。しかし高麗がその直前まで元に対して軍備の負担軽減を訴えていたことからすれば、いささか唐突な変化といえよう。

これについて池内宏▲は、当時高麗政府が元の高麗人部将洪茶丘《ホンタグ》《こうちゃきゅう》▲から内政干渉をうけ、双方がするどく対立していた点に注目した。すなわちクビライの歓心をかい、洪茶丘勢力を排除するための親元姿勢だというのである（『元寇の新研究』）。しかし元側にこのような言質をあたえて実際に戦争がはじまれば、高麗は大きな負担をおうことになる。一官人との対立のためだけに、疲弊した国家の苦境をかえりみない「迎合」がおこなわれたとは、あまり考えにくい。

いっぽう中村栄孝《ひでたか》▲は、この直後に朝鮮半島南岸を侵犯した倭寇に注目する。当時日本では元・高麗に対する反攻計画（異国征伐）があったが、上記の倭寇もこれに関連した動きだという。そしてそれは以前から兆候をみせていたはずで、脅威を感じた高麗が対日攻撃を企図したのだという（『日鮮関係史の研究』上）。

▼**池内宏**（一八七八〜一九五二）　日本の歴史学者。東京帝国大学の助教授・教授として朝鮮史講座を担当。朝鮮半島、マンチュリアなど東北アジアの古代・中世史を中心に多くの研究業績を残した。著書に『満鮮史研究』全六冊など。

▼**洪茶丘**（一二四四〜九一）　洪福源（一四頁参照）の子。父をついで遼陽・瀋陽地方の高麗人社会の統括者となり、三別抄の鎮圧、対日出兵、モンゴル宗王の叛乱（ナヤンの乱）の鎮圧などに活躍した。

▼**中村栄孝**（一九〇二〜八四）　日本の歴史学者。朝鮮総督府修史官をへて名古屋大学教授、天理大学教授を歴任。日朝関係史を中心に多くの研究業績を残した。著書に『日鮮関係史の研究』全三冊など。

**杜世忠らの墓と伝えられる五輪塔**

（神奈川県藤沢市・常立寺）

▼**杜世忠**（一二四二〜七五）　礼部侍郎として日本に派遣されるが、鎌倉幕府によって鎌倉龍ノ口で斬殺された。

しかし上記の倭寇が「異国征伐」に関連するかどうかは定かでない。またかりにそうだとしても、そのように切迫した危機を高麗が認識していたならば、忠烈王は元に対して日本の軍事的脅威をもっと強調するはずではなかろうか。

おそらく真相はつぎのようなところだろう。高麗への日本再攻準備命令が一二七五年末に撤回されたのは、当時進行中の対南宋戦が優先されたためとみられる。その後も一二七六年にクビライは降伏した南宋の武将に対し日本攻撃について下問し、再戦の意志を明らかにしている。このときは南宋平定後しばらく兵を休ませることになったが、外交交渉が妥結しないかぎり、日本との再戦は不可避な状況であった。しかし一二七五年に日本にわたった元使杜世忠《とせいちゅう》らの▲消息はとだえてひさしく、高麗の目にも再戦の公算は大きかったであろう。

第一次戦役の際には作戦遂行の主導権が元側ににぎられ、高麗はその要求・介入に受身に対応する形となり、大きな負担を強いられた。しかもこのとき従軍して再戦にも参加するだろう洪茶丘は高麗政府とは犬猿の仲である。そこで高麗は、どのみち避けられない戦争ならば、むしろ積極的な協力姿勢を示し、作戦遂行の主導権をにぎることで、元側の諸勢力、とりわけ洪茶丘のような非

**一二九二年の忠烈王国書写**（部分）
（称名寺所蔵、金沢文庫保管）

友好勢力を牽制し、自国の利益を守ろうとしたのではなかろうか。

少なくとも事態はその方向に展開した。帝命により洪茶丘ばかりか、高麗に駐在していた元の屯田軍とダルガチも召還され、高麗は元の直接監視から解放された。忠烈王はさらに、高麗から進発する東路軍司令部（征東行省《せいとうこうしょう》）の責任者となることを要請してその長官（丞相）となり、参戦する高麗軍の指揮官にも元の軍職が授与された。また後述のように、このとき忠烈王は駙馬高麗国王の称号を得（三四頁参照）、モンゴル王侯のひとりとしての地位をかためた。こうして高麗は、元の官人との力関係を優位にして対日戦役に従事したのである。

高麗は、元が一二九二年に日本再攻を企図した際にも「主戦派」の立場を表明した。しかし同時に日本に国書を送り、元に帰服する利点を説き、自分たちが対日交渉に意をくだいているのは、ひとえに双方の民草のためだと強調している。実際には自国の利益のためだが、対日経略の矢面にたつことで状況をコントロールし、事態の軟着陸をはかろうという高麗の意図がうかがわれよう。

ともあれ、こうした努力と犠牲をはらうことで、高麗は元との関係を劇的に改善することに成功した。次章ではその様相を具体的にみていこう。

# ③—世界帝国のなかの高麗王

## 駙馬高麗国王の誕生

モンゴル帝室には特定の姻族《クダ》と代々通婚する習慣があった。そのパターンは大きく二つにわかれる。まずウンギラト族やオイラト族といったモンゴル系の姻族の場合、相互に女性をやりとりする形で婚姻がくりかえされる。これに対し、トルコ系のオングト族やウイグル族などの場合、帝室の皇女や王女（漢語ではともに公主とよばれる）を降嫁するという一方通行の婚姻となる。

高麗王家もまた一二七四年に当時世子だった忠烈王が世祖クビライの娘クトゥルクケルミシュをめとって以来、幼王だった忠穆《チュンモク》《ちゅうぼく》▲・忠定《チュンジョン》《ちゅうてい》▲の二王をのぞくすべての国王にモンゴル公主が降嫁された。こうしたモンゴル帝室の女婿をモンゴル語でグレゲン、漢語で駙馬という。駙馬はモンゴルの最高支配層を構成する王侯貴族の一員であり、男性皇族とともに「諸王・駙馬」とならび称され、両者あわせて「諸王」と総称されもした。このように高貴な地位をみとめることになるため、公主降嫁という行為は、モンゴルではきわめて重要な報奨《ソユルガル》とされ

▼**忠穆王**（在位一三四四〜四八）　高麗第二十九代国王。忠恵王（チェンへワン／ちゅうけいおう）の長子。諱は昕、モンゴル名はパドマドルジ。

▼**忠定王**（在位一三四九〜五一）　高麗第三十代国王。忠恵王の第二子。諱は眡。モンゴル名はミスキャブドルジ。

▼**『モンゴル秘史』**　チンギス・カンの事績を中心にモンゴル帝国の建設過程をモンゴル語で描いた史書、もしくは歴史叙事詩。元朝期までに成立したが、明初に漢字で音写されたテキストが現在に伝わる。

た。とくに降嫁先が新参者である場合、モンゴル自身の記録である『モンゴル秘史』▲や『集史』▲では、彼らが率先してモンゴルに帰服し、勢力拡張に貢献したからだと説明している。

高麗王家に関しても、十三世紀末以降の記録に、たとえば

天子(元朝皇帝)は東国(高麗)が率先して帰順したので、代々公主をめとることを許した。(崔瀣《チェヘ》《さいかい》▲『拙藁千百《せっこうせんひゃく》』巻一・送盧教授西帰序)

とあるように、同様な理屈が語られる。これは具体的には、チンギス・カンのときに高麗が対契丹戦に共闘したこと、およびクビライの即位前夜に当時王太子だった元宗が来帰したことをさすものである。

しかし現実には高麗はモンゴルに対し長期間にわたって抵抗した。そのため当初元は、最初の公主降嫁のころですら、高麗を帰順が遅れた存在とみなしていた。「高麗の率先帰服」とは、十三世紀末、クビライが死去して孫の成宗テムル▲が即位したころ、先代までの歴史を回顧するなかで新たに生みだされた認識らしい。

では本来がそのような状況だったとすると、元が高麗王家との通婚にふみき

▼**『集史』**　ペルシャ語の書名は『ジャーミー・アッタヴァーリーフ』。フレグ・ウルスの第七代ガザン・カンの命により宰相ラシード・アッディーンが編纂した史書。ヒジュラ暦七一〇年(一三一〇～一一年)に完成。

▼**崔瀣**(一二八七～一三四〇)　高麗後期の文臣。本貫は慶州、字は彦明父・寿翁、号は拙翁。一三二一年に元の科挙に及第した。朝鮮の歴代名文集『東人之文』を編纂。

▼**テムル**(在位一二九四～一三〇七)　モンゴル帝国第六代皇帝。クビライの第二子皇太子チンキムの第三子。廟号は成宗、オルジェイト・カアンと贈謚される。

った理由は何であろうか。実は、高麗に対する公主降嫁話がはじめてもちあがったのは、最初の降嫁の五年前、一二六九年の権臣林衍《イムヨン》《りんえん》による国王廃立事件のときだった。このとき高麗は廃絶の瀬戸際にもたたされたわけだが、前述のごとく、使者として入元していた当時王世子の忠烈王は、元に恭順姿勢を示して関係改善をはかる起死回生の一手として、林衍の討伐などとともに、みずからに対する公主の降嫁を要請したのである。

いっぽう元側では、前述のように強硬策が有利とはいえない情勢をふまえ、忠烈王の希望をうけいれた。そして元への抵抗が鎮圧されて高麗の臣属が確定し、日本攻撃の準備が整った一二七四年に、ようやく降嫁を実施したのである。

こうして忠烈王はモンゴル帝室の駙馬となった。だがこれでただちに高麗王が元の貴族のひとりとして遇されるようになったわけではない。当初、忠烈王個人が駙馬になったことは高麗王の格式に反映されず、王は依然として元朝政府の組下の外国君主として遇された。そこで王は交渉をかさね、一二八一年に「駙馬高麗国王」という称号を獲得する。これにより高麗王の格式はモンゴル駙馬のそれに一体化し、王は元の官人に対して優位にたつようになった。

●高麗王家とモンゴル皇族の通婚関係

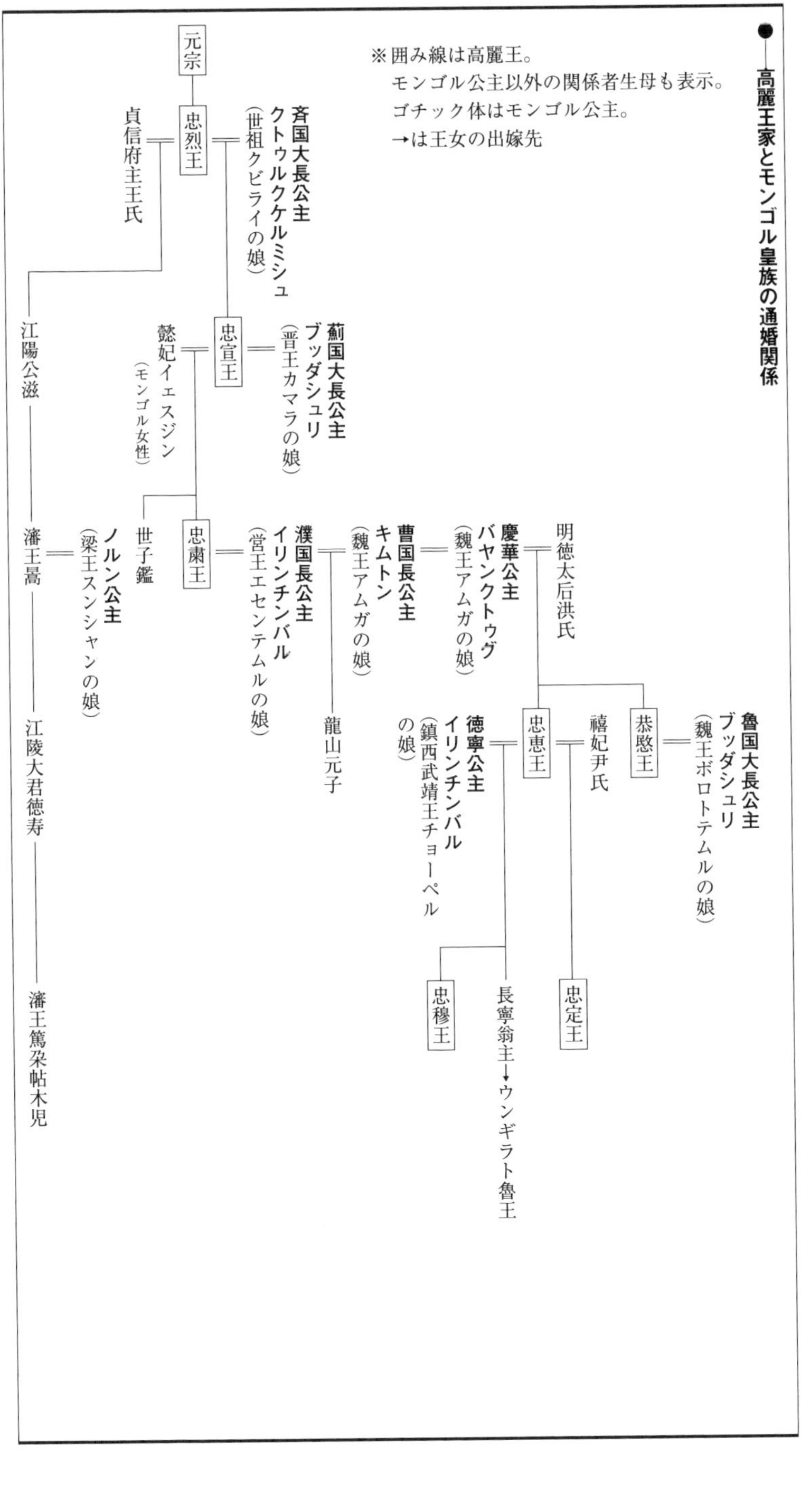
※囲み線は高麗王。
モンゴル公主以外の関係者生母も表示。
ゴチック体はモンゴル公主。
→は王女の出嫁先
元宗
忠烈王
斉国大長公主
クトゥルクケルミシュ
（世祖クビライの娘）
貞信府主王氏
江陽公滋
忠宣王
薊国大長公主
ブッダシュリ
（晋王カマラの娘）
懿妃イェスジン
（モンゴル女性）
忠粛王
濮国長公主
イリンチンバル
（営王エセンテムルの娘）
曹国長公主
キムトン
（魏王アムガの娘）
慶華公主
バヤンクトゥグ
（魏王アムガの娘）
明徳太后洪氏
世子鑑
ノルン公主
（梁王スンシャンの娘）
瀋王暠
龍山元子
江陵大君徳寿
瀋王篤朶帖木児
忠恵王
徳寧公主
イリンチンバル
（鎮西武靖王チョーペルの娘）
禧妃尹氏
恭愍王
魯国大長公主
ブッダシュリ
（魏王ボロトテムルの娘）
忠穆王
長寧翁主→ウンギラト魯王
忠定王

**モンゴルの宮中儀礼**

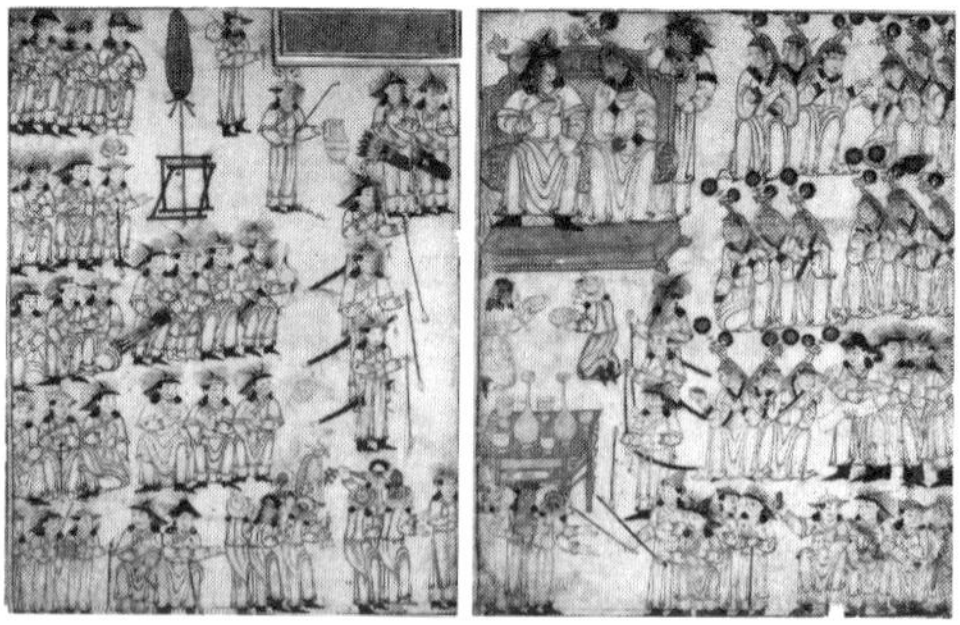

（Die Diez-Alben より）

▼**忠宣王**（在位一二九八／一三〇八～一三一三）　高麗第二十六代国王。忠烈王の第二子。諱は謜、璋、モンゴル名はイジルブカ。

モンゴルにおいて諸王・駙馬などの王侯貴族は、高度な自律性を保持して所領・権益を経営する分権的な政治単位を形成した。モンゴル帝国にはこうした分権勢力の連合体・複合体としての一面がある。それらのことを漢文史料では「投下」と表現し、諸王・駙馬など帝室血縁者に関しては「位下《いか》」ともいったが、駙馬となった高麗王に関しても、元側の史料に「高麗王位下」（『経世大典』站赤）、「公主と謜《ウォン》《げん》両位下」（『元高麗紀事』）といった用例がみえる（「謜」は忠宣王《チュンソンワン》《ちゅうせんおう》▲、「公主」はそのモンゴル人王妃ブッダシュリのこと）。

高麗王に対する元朝宮廷での待遇も向上した。一二九四年、成宗の即位を祝う饗宴《トイ》において、忠烈王は諸王・駙馬のなか第七位に座し、二年後の宮中饗宴では第四位に座した。また帝室の姻戚となったことで、それまで課されてきた年例の歳貢が廃止され、逆に皇帝から歳賜をうけるようになった。投下は皇帝から不定期に銀などの下賜をうけることもあったが、一二九四年、忠烈王はウンギラト駙馬のマンジタイやオングト駙馬のコルギスとともに三万両もの銀を下賜されている。

駙馬となった高麗王の変化は名目だけではない。モンゴルの諸王・駙馬は家政機関として王府《オルド》をおき、ここに王傅《おうふ》や断事官《ジャルグチ》等の僚属をおくことを許されたが、高麗王のもとにも高麗王府とその断事官がおかれた。高麗王府断事官の権能については実質性に疑問もあるが、モンゴルの皇帝や諸王が保有する親衛隊ケシク(宿衛)については、同様な組織が高麗王のもとにも編成された(後述)。

また元の投下は征服地の利益分配として華北や江南に権益地(投下領)をわりあてられ、毎年所定の税収を頒給されたほか、手工業・宿駅・狩猟など各種の役務に従事する私属民を各地に展開させていた。高麗王も遼東地方にみずからの伊里干《イルゲン》(モンゴル語で領民の意味)をおいて掃里《サウリ》(モンゴル語で宿駅の意味)を運営させ、元の都への往来に利用した。また十四世紀初に忠宣王は元から瀋陽王《しんよう》(のちに瀋王に進封)の位をあたえられたが、その際にはあわせて瀋陽路(現在の遼寧省瀋陽地方)に投下領をあたえられた可能性が高い。

## 征東行省の国王丞相

行省《こうしょう》とは行中書省(一時、行尚書省)の略で、本来元朝政府の中央最高機関である中書省(一時期、尚書省にとってかわられる)と同格の地方派出機関を意味す

**元の十一行省**

る。元初には臨時の対外遠征司令部としての行省が設けられ、日本侵略の際におかれた征東《せいとう》行省もそのひとつである。しかし一二八〇年代半ばころから元の行省制度は大きく変わり、もっぱら常設の最高地方統治機関となっていく。高麗にも一二八七年にふたたび征東行省がおかれるが、このあと征東行省は高麗の地を管轄する地方統治機関として定着し、最終的には遼陽《りょうよう》行省、河南江北《かなんこうほく》行省、陝西《せんせい》行省、甘粛《かんしゅく》行省、嶺北《れいほく》行省、江浙《こうせつ》行省、江西《こうせい》行省、湖広《ここう》行省、四川《しせん》行省、雲南《うんなん》行省とともに元の十一行省のひとつとなった。高麗は元の一地方行政単位として位置づけられたのである。

しかしこれは元による高麗の直轄を意味しない。征東行省の長官職(丞相)は歴代高麗王が世襲した。高麗王が新たに即位すると、彼は同時に征東行省丞相を兼任するのである。元の傘下でふたつの属性は表裏一体のものとなり、高麗王は「一国の政令と一省の権限を束ねてこれを独占する」存在として「国王丞相」と通称されるようになる(李穀《イゴク》《りこく》▲『稼亭集《かていしゅう》』巻九・送掲理問序)。元の行省では、丞相をおかず、これにつぐ平章政事《へいしょうせいじ》、右丞・左丞、参知政事などの執政をおくだけの場合も多かったが、常設化したのちの征東行省では高麗王が一貫して

▼**李穀**(一二九八〜一三五一)　高麗後期の文臣。本貫は韓山、字は仲父、号は稼亭。一三三三年に元の科挙に及第した。

開城演福寺鐘



丞相に就任し、一時の例外をのぞき、平章政事以下の幹部職がおかれることはなかった。

行省の属司には左右司（庶務）、理問所（司法）、都鎮撫司（軍事）、儒学提挙司（学問・教育）などがあったが、征東行省は元の一般人事（常選）の対象外とされ、官員は長官である高麗王の推薦（保挙）を元朝政府が承認する形で任用された。その結果、多くの所属官吏は高麗政府内の人員から任用されるケースが多かったようだが、漢人・非漢人の元朝人士を任用することもあり、高麗王をとりまく政治的人脈が国外にも広がっていたことがわかる。

一三四六年の「開城演福寺鐘銘」の歴名では、ときの忠穆王と王母の徳寧《トンニョン》《とくねい》公主、元の使臣につづき、征東行省の官員が記されたあと、高麗政府の官員が列挙される。行省は在来の王朝政府に対し上位に位置づけられたらしい。そのことは一二九三年に征東行省が元朝政府の通達を当時高麗政府の最高機関だった都僉議使司《とせんぎしし》に伝えた際、劄付《さっぷ》という下行文書を使用したことにもあらわれている。ただしこのことは、必ずしも征東行省と高麗政府の間に指揮系統上の統属関係があったことを意味するものではない。

征東行省の機能は第一に元との交渉窓口という点にあり、協議すべき事案が生じた場合、高麗は征東行省を通じて元と連絡をとりあった。ただ高麗王国として元と直接交渉する場合もあり、こうした立場の使いわけの意味するところが今後の検討課題となる。内政面では、在来の王朝政府が機能しており、征東行省がこれにとってかわったわけではない。だがまったくのノータッチではなく、左右司や理問所が財産をめぐる訴訟に介入し、あるいは地方に使者を送って「公事」をおこなうこともあった。また後述のように、地方統治機関化したのちにも征東行省の軍事的役割は継続したと考えられる。

　征東行省に関連して高麗王が中書省に代表される元の最高級官庁とかわした公文書が注目される。当初元の中書省は高麗王に対し、統属関係のない官庁間で用いる牒《ちょう》という書式を使用した。これは同省が外国の王に対して一般的に用いる書式だったようで、一二六九年には「日本国王」に対しても中書省の牒が送られている(『異国出契《いこくしゅっけい》』)。

　しかし一二八〇年に第二次日本戦役の司令部である征東行省からその長官である忠烈王に対して送られた文書を嚆矢《こうし》として、その後、高麗王と中書省をはじめとする元の最高級官庁との間では、咨《し》という形式の文書をやりとりするようになる。咨とは二品以上の高級官庁・官人が相互に通信する際に用いる公文書であるが、高麗王が征東行省丞相という元の最高級官職をおびたことで、これが王との往復文書にも適用されたものと考えられる。

後世、明・清両王朝では、礼部などの高級官庁が朝鮮・日本・琉球といった冊封相手国の「王」と咨をとりかわす慣例があった。しかしこのような形式は、それ以前では元・高麗間の使用を唯一の例外として、他にみられない。しかも高麗に対する使用は、高麗王が元の最高級官職を得たことによるもので、厳密には外国君主に対する使用とはいえない。建国当初の明は元の制度を大幅に踏襲していたが、そうしたなかで高麗王に対する咨文使用の前例を（もしかすると背景に対する誤解をふくみつつ）発展させ、冊封相手君主との往復文書一般に拡大適用した可能性があるのではないだろうか。

## 禿魯花の派遣とケシクへの参入

前述のように、モンゴルが服属国に要求する事項のひとつに、支配層子弟の人質、禿魯花《トルガク》がある。高麗は一二四一年に傍系王族の永寧公綧《ヨンニョンゴンチュン》《えいねいこうしゅん》を王子と偽って送ったが、元との講和後もさらなる禿魯花の提出を求められた。そこで一二七一年に当時世子であった忠烈王を派遣して以来、歴代高麗王はみずからの王子かその代理となる王族を禿魯花として元朝宮廷に遣わすようになる。

この禿魯花については、一見、服属者に対する抑圧策という印象をもつかもしれない。そうした意味合いが皆無だったとはいわないが、制度上の原理(タテマエ)としては、人質という言葉から連想されるものとはだいぶ様相が異なる。

禿魯花とは、もともとモンゴルにおいて遊牧君長のもとに来投した族長等が托身の代償として主君にさしだし奉仕させたもので、彼らは君長の身辺警護にあたる親衛隊に組織された。チンギス・カンはこの禿魯花と、僚友《ネケル》という親兵の伝統にもとづき、千戸長▲以下の支配層の子弟や、平民子弟の有能者を徴集し、一万名に達する親衛隊であるケシク(宿衛)を編成した。その後、帝国の拡大にともない、新たな服属者からの禿魯花もここにくわえられていった。高麗から徴集された禿魯花もこの皇帝直属の親衛隊員となったのである。

ケシクは四班にわかれて三日交替で皇帝の警護にあたるほか、皇帝の日常生

**▼千戸長**　チンギス・カンはモンゴル帝国の建国に際し、牧民を一〇〇〇人程度の兵員を供出する集団である千戸(千人隊)に区分し、これを行政・軍事の基礎単位とした。千戸長(千人隊長)はその責任者であり、千戸の下は百戸、さらにその下は十戸に編成され、それぞれ長がおかれた。これら千戸長・百戸長・十戸長がモンゴル帝国の支配層となる。

活に関するさまざまな職掌（怯薛《ケシク》執事）をうけもつ家政機関、さらには官僚や軍指揮官の人材バンクとしての役割もはたした。元に中国風の官制が導入されてからもケシクの機能は維持され、両者が表裏一体に運用された面もある。まさしくモンゴルの権力中枢、あるいはその基盤となる組織だったのである。

　ケシクとなった者は、他のモンゴル貴族の子弟とともに皇帝との主従制的関係のもと、帝国支配層の一員として薫陶される。ケシクは皇帝の身近に奉仕し、その恩寵をうける栄誉ある特権的地位とされ、そこでの忠勤は大きな勲功とみなされた。それゆえモンゴル皇帝に仕える者にとってケシクは立身出世の捷径《しょうけい》だった。このようにケシクは来投者をすみやかに体制内の要員に転換する装置でもあり、モンゴル帝国の爆発的な勢力拡張を可能にした要素のひとつだった。

　高麗王家に関しても、ケシクは同様な意義を有するものとみなされ、高麗側でもそのように認識していた。そうであればこそ、ケシクでの勤務に怠慢があった忠恵王《チュンヘワン》《ちゅうけいおう》▲などは、ケシクより放逐される憂き目をみたのである。また一二九八年に元が忠宣王を強制退位させた際には、君主として未熟な同王をケシクに召喚して再教育するという名目が語られた。

▼**忠恵王**（在位一三三〇～三二／一三三九～四四）　高麗第二十八代国王。忠粛王の長子。諱は禎、モンゴル名はブッダシュリ。

もちろん、ケシクへの参与が栄誉・功績であるとの立場を高麗側が誇示するのは、元の覇権下で高麗王家や個々の王族がみずからに有利な政治的環境を獲得する目的が背景にある場合が多い。一義的にはタテマエだが、彼らは禿魯花・ケシクのこのような特性を積極的に活用した。とくに本国での栄達にかぎりがある傍系の王族にとっては、政治的上昇のまたとないチャンスである。忠烈王の庶子である小君湑《しょ》《ソ》は、みずから進んで禿魯花になろうと画策した。また瑞興侯琠《てん》《チョン》▲や、忠宣王のあとをついで元から瀋王位をうけた暠《こう》《コ》▲（六七頁参照）などは、禿魯花として入元したのち、ケシクでの勤務をつづけるなかで元側にはたらきかけ、本国の王位をうかがった。

禿魯花としてケシクに勤務した子弟が成長し、みずからの所属集団の首長の座を継承すると、今度は彼の子がケシクに送られ、皇帝との主従制的関係が世代をこえて更新されていく。それは高麗に関しても同様だったが、高麗王家の場合、このことは王が駙馬としての地位を獲得するうえで重要な意味をもったらしい。前述のように両国間に通婚話がもちあがったのは、逆説的にも双方の関係が悪化した際だった。その危機を回避すべく、高麗王家はモンゴル公主の

▼**瑞興侯琠**（?〜一三〇七）　高麗後期の傍系王族。第二十代国王神宗の子襄陽公恕の後孫。一三〇一年より禿魯花とされたが、その経緯については六五〜六六頁参照。

▼**瀋王暠**（?〜一三四五）　モンゴル名はオルジェイト。忠宣王の異母兄江陽公滋の子。忠宣王により愛育され、一三一三年に高麗世子となり、禿魯花とされたが、一六年、忠宣王が元より受封した瀋王位を継承した。

降嫁を願いでて、元側も応じたわけだが、その際、当時世子であった忠烈王が一二七一年に禿魯花としてケシクにはいったことは、同年元が通婚を正式承認するうえで重要なステップだったとみられる。当時の高麗にとって、ケシクは、元に対して何らかの貢献をはたし、忠誠を示す数少ない機会だった。

こうして高麗王の子弟が禿魯花としてケシクにはいり、やがて駙馬となって本国の王位を継承するというサイクルができあがるのである。

## 独自の王国の維持

『集史』のクビライ・カアン紀には征東行省のことが「独立した一王国《マリキー》である高麗《コウリ》と高句麗《コウクリ》州《ヴェラーヤト》の省《シン》」と記されている（四日市康博訳）。元の傘下にあって独立した王国を維持する高麗の特徴が示されているが、同じことは、十四世紀前半に元の科挙に合格した高麗文人李穀の文章にも、「いま天下に君主と臣下があり、領民と社稷《しゃしょく》があるのは、三韓（高麗）だけである」（『稼亭集』巻八・代言官請罷取童女書）と記されている。従来このことは、高麗・元関係の特色とされてきた。そして、元が高麗に対して冊封、暦・元号の頒布など中国伝統の華

▼**華夷秩序**　中国の王朝がみずからを世界の中心、その文化を至上のものとし、異質な周辺民族を夷狄とみなす世界観、およびその政治的な表現。

夷秩序▲にもとづく諸形式を適用したことに結びつけ、元の中華王朝的な側面に関わる問題として論じてきた。

これに関連して、前述した服属国に対するモンゴルの定例要求が注意される。すなわち君長の出頭、禿魯花の提出、ダルガチ（監視官）の設置、戸籍の提出、軍事協力、物資の供出、駅伝の敷設など、少なくとも七項目にわたるが、高麗に対してはこうした典型的な征服地支配策が適用されず、華夷秩序にもとづく関係形式がきずかれたとの見方がある。

しかし高麗に関しても、君長の出頭、禿魯花の提出、軍事協力、物資の供出、駅伝の敷設などは実現していた。ダルガチが一時的な設置にとどまり、戸籍がついに提出されなかった点、そして恒常的な徴税がおこなわれなかった点は重要だが、この種の要求項目は、相手先のときどきの状況に応じて適宜に取捨選択されるものであり、つねにパッケージとして一括適用されるわけではない。

モンゴルがみずからの傘下に異民族の政権をとりこむことは、西方をみればロシア諸公国、アナトリアのキリキア・アルメニア王国やルーム・セルジューク朝、コーカサスのグルジア王国など、いくつかの類例がある。元朝治下で高麗が独特な存在であることは事実だが、モンゴルの異民族統治全体からみれば格別特異ともいえない。

高麗が独自の王朝を維持したことは、表面上、大陸王朝に対して代々おこなってきた形式的な事大外交と類似する。しかしいっぽうで、両国間には、高麗に対する元の実質的な介入・干渉、王室間の通婚、禿魯花・ケシク制度の運用、征東行省の設置など、それまでの朝中関係にはみられない独特なしくみがある。華夷秩序にまつわる諸形式は、基本的にはそうしたモンゴル・元朝的な内実に付加された外皮というべきであろう(もちろん元の「漢化」した側面を重視する元側・高麗側のある部分の人びとにとっての重要性は別である)。

高麗が独自の王朝体制を維持していくうえで大きな意味をもったのが、クビライが高麗の在来体制の維持を承認した「不改土風」の原則である。一二六〇年に高麗が帰服した際の詔書に「衣冠は本国の俗にしたがい、上下みな変更しない」とあったことが端緒となるが(『元高麗紀事』)、その後も奴婢制▲など個別の案件について、あるいは一般論として、「不改土風」の原則がくりかえし確認され、やがて世祖のさだめた先例(世祖旧制)として記憶されていく。

▼**奴婢制**　高麗では父母のいずれかが奴婢である場合は所生児を奴婢身分とした。高麗に派遣された元朝官人のなかにはこの制度・慣例の変更をもくろむ者がいた。

ただしこれは必ずしも恒久不変の原則ではなかった。律令のような成文法をもたない元では、ときどきの政策判断を先例として重視する判例主義の方針がとられた。とりわけ、聖旨として発せられた皇帝の意志が決定的な重要性をもつ。しかし判例主義であるがゆえに、参照する先例の選択や、そのときの判断次第では、変更もなされ得る流動性を内包していた。

実際、ときおり奴婢制をはじめとする個別の制度改変や、高麗の直轄化が元朝政府内で発議され、そのつど高麗政府は「不改土風」の原則をたてに反論した。むろんひとつの判例を機械的に適用して物事の当否を判定したわけではなく、具体的なメリット・デメリットや他の判例をも参考にして立論したのだが、結果的に多くの場面で「不改土風」の原則を踏襲する方針が再確認されたのである。ただしすべてに関して「土風」が墨守されたわけではなく、高麗側が元に指示され、あるいは自主的に元制を斟酌し、可能と判断した内容については変更をうけいれることもあった(逆に高麗の自主変更を元側がさしとめることもあった)。

グローバル・スタンダードとしての元の「通制」との合致を重んじるか、高

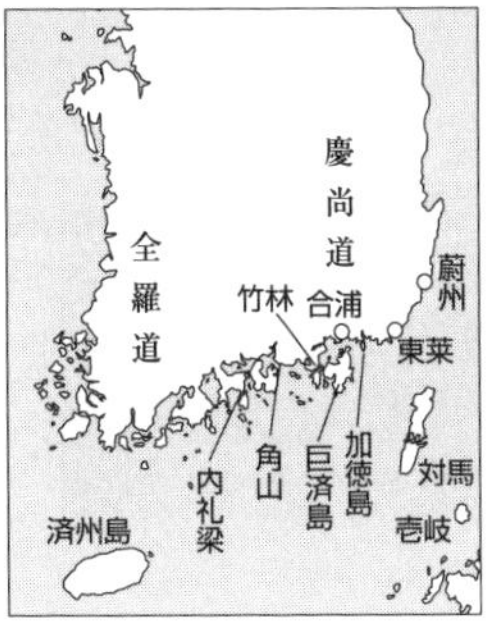

朝鮮半島南岸の対日警戒網

麗伝統の「国俗」を重んじるか、高麗側の反応は、事柄により、あるいは個人により傾向はさまざまで、それゆえ社会に多くの葛藤を生んだ。たとえば十四世紀前半の刑罰をめぐる議論では、つぎのようにのべられている。

あるいは用刑にあたり、これを元の法で量刑すれば、有司は手をこまねいて何もいえない。ある人は「〔不改土風という〕世祖皇帝の訓辞があるゆえ、国俗を変えてはいけない」といい、ある人は「普天のもと〔元の〕王土でないところはない」という。いま上は条格〔元朝法〕に違わず、下は旧章〔高麗法〕を失わずに刑法が帰一し、人びとが一時のがれできないようにしたいものである。

（李穀『稼亭集』巻一・策問）

## 帝国東辺の守護者として

第二次対日戦役の直後、日本の反攻にそなえ、東路軍の前進基地がおかれた合浦《ハッポ》《がっぽ》には元のきもいりで鎮辺万戸府《ちんぺんばんこふ》が設置された。一二九〇年には全羅道《チョルラド》《ぜんらどう》にも設置されている。三別抄の平定後、元の直轄下におかれた済州島《チェジュド》《さいしゅうとう》は一二九四年に返還されたが、一三〇一年に「鎮辺」の任にあたる耽羅万戸府《たんらばんこふ》が設置され

**合浦**（現在の馬山）

**加徳島**

た。そして済州島、加徳島《カドクト》《かとくとう》、東萊《トンネ》《とうらい》、蔚州《ウルジュ》《うつしゅう》、竹林《チュンニム》、巨済島《コジェド》《きょさいとう》、角山《カクサン》、内礼梁《ネレリャン》など半島南岸の要地をカバーする警戒体制が構築されたが、高麗王は征東行省の長官としてこうした対日警戒網を統括する役割をはたしたという。一三一八年にも済州島の寇賊事件に関して元から征東行省に鎮圧命令がくだされたが、元の東方辺境において、とりわけ日本に対して軍事的なにらみをきかせる存在だったことは、征東行省の基本的属性として変わらなかった。

鎮辺万戸府の責任者である万戸は、高麗官人が元朝皇帝より親任される形をとったが、高麗政府の官僚が元から授職されないまま、巡撫使その他の高麗の関連職をおびて現地におもむき「鎮辺」の任にあたることも多かったらしい。

また対日戦役における貢献は、当然ながら高麗の功労として、元に対して高麗の利害を主張する場面でも挙論された。

こうした経緯から、高麗は、元に対して帝国東辺防衛の担い手を自任し、自己主張のよりどころとするようになった。そのことは、一三〇二年に忠烈王が元の中書省に対して送った文書にみえる「威鎮東方極辺未附日本国辺面勾当」（東方の極辺において未だ服属しない日本との境界を威圧・鎮守する任務）という言葉に端的に示されている（『高麗史』巻三二・忠烈王世家・二十八年是歳）。

対日警戒の責任者としての役割は、個々の高麗王の地位を擁護する言説にもあらわれる。たとえば一三二四年、高麗の臣僚は、英宗シディバラ▲によって元に抑留されていた忠粛王《チュンスクワン》《ちゅうしゅくおう》▲の復権を要請する際、つぎのようにのべている。


小邦は日本に隣接する極辺の要地であって中原から四〇〇〇里も離れています。ながらく国主が不在であると、不測の事変がおこった場合に報告できず、その得失は軽微ではありません。某等はこのことを日夜危惧し、安心できません。（『高麗史』巻三五・忠粛王世家・十一年五月壬辰）

対日政策との関わりは王室間の通婚にもうかがわれる。前述のように、忠烈王がモンゴル公主の降嫁をゆるされた背景には、主要な懸案である対南宋戦のほか、対日経略をひかえた状況も関係していたが、その後、第一次対日戦役の準備が整った段階で降嫁が実行されたことは示唆的である。同王が一二八一年に駙馬高麗国王の称号をみとめられたのも、第二次戦役にあたって忠烈王が征東行省長官に就任するのとほぼ同時であった。

また東辺鎮守の役割は、高麗王家に降嫁されるモンゴル公主の選定にも影響

**▼シディバラ**（在位一三二〇〜二三）　モンゴル帝国第九代皇帝。アユルバルワダ（六六頁参照）の長子。廟号は英宗、ゲゲン・カアンと贈諡された。

**▼忠粛王**（在位一三一三〜三〇／一三三二〜三九）　高麗第二十七代国王。忠宣王の第二子。諱は燾、モンゴル名はアラトナシュリー。

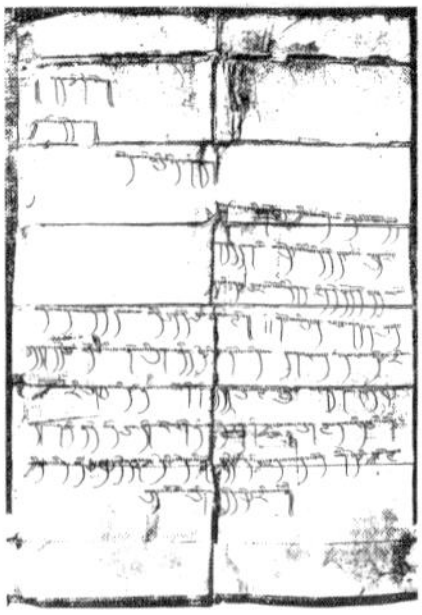
チョーペルのチベット語発令文

▼**カマラ**（一二六三〜一三〇二）　クビライの第二子皇太子チンキムの長子。

▼**エセンテムル**（生没年不明）　クビライの第五子雲南王フゲチの長子。

▼**チョーペル**（生没年不明）　クビライの第七子西平王アウルクチの孫。高麗史料には関西王と記される。

▼**王観**　詳細不明。一三二三年からはじまった高麗直轄化運動に対して反対論を開陳した当時、儀礼進行をつかさどる侍儀司の通事舎人であった。

した可能性がある。高麗王、とくに父から子へと「正常」な形で継承された王に対して公主を降嫁したモンゴル王家は、最初のクビライをのぞき、いずれも「出鎮」王家に相当する。「出鎮」とは、モンゴル皇族、とりわけクビライ家の親王が軍隊をひきいて辺境に駐屯し、軍事的なにらみをきかせる体制である。忠宣王の舅である晋王カマラ▲はモンゴリアに出鎮し、忠粛王の舅である営王エセンテムル▲は雲南に出鎮している。忠恵王の舅である鎮西武靖王《ちんぜいぶせいおう》チョーペル▲はチベットに出鎮していた。高麗王家とこれらのモンゴル王家の婚姻は、基本的に元朝中央政府のコーディネートにより実現したと考えられるので、辺境防衛を担う王家どうしを結びつけた背後には、各王家の相互連携を強めて帝国の外殻をかためようという元朝政府の意図が存在したかもしれない。

　ところで、高麗が元の恒常的な徴税にさらされなかったことは、独自の王朝を維持するうえで決定的な要素だった。高麗を大規模な経済収奪の対象にできないという認識は、高麗直轄化案に対する元朝内部の反対論でも提示される。もっとも詳細な王観▲の議論では、①高麗の経済水準は元の税制にあわない、②官衙の運営経費も高麗国内ではまかなえない、③高麗の地の防備にあてる余分な軍隊もないといった理由から、高麗王朝を存続させてその軍事協力を得、労せずして東方辺境の平穏をはかるべきと主張する（『高麗史』巻一二五・柳清臣伝）。このように高麗に大きな経済収益を期待しない方針は、高麗在来の王朝体制を維持する方針とつながり、さらには元の東辺防衛策へとつながっていた。

また高麗直轄化に対する反対論では、高麗の廃絶が元に対する日本の警戒心を増幅させ、帰服を困難にすると批判している（李斉賢《イジェヒョン》《りさいけん》▲『益斎乱藁《えきさいらんこう》』巻六・在大都上中書都堂書）。たしかに元は日本に朝貢を勧告する際、高麗と同様にその政権を安堵すると約束しており（『異国出契』至元六年日本国王宛て元中書省牒）、高麗の廃絶は元がみずから前言を否定することになる。高麗王朝の保全は、元にとって効率的な東辺防衛策であるのみならず、日本が将来的に帰服させるべき敵性勢力であるかぎり、その東方政策の方向性を拘束する要件でもあった。

少なくとも高麗側はそれを期待し、不利益を回避するうえで利用した。一三四三年に忠恵王が悪政の罪により元使の手で捕縛、連行された際、その赦免を乞う高麗臣僚の上書ではつぎのようにのべている。

小邦は日本と海をへだてて隣りあっています。わが国が〔元から〕福をこ

▼**李斉賢**（一二八七〜一三六七）　高麗後期の文臣。本貫は慶州、字は仲思、号は益斎、櫟翁。十四世紀初、忠宣王にしたがって入元し、中国の文人たちと交遊した。

うむれば、かの国では〔それをみて〕帰化の遅れをはじるでしょうが、我が国が〔元から〕処罰されれば、かの国は〔それをみて〕あさはかな頑迷(帰服の拒否)に甘んじることでしょう。（『高麗史』巻一一〇・李斉賢伝）

高麗と日本の間の貿易は、二度の戦役にともない、いったん途絶状態におこまれたらしい。その後も朝鮮半島には倭人の来泊・接近の事例があり、漂着者に対する高麗の処遇は必ずしも敵対的だったわけではないが、通常は元に通報したうえで処置されたようである。前述のごとく日本側では反攻計画が存在した。実行されずに立ち消えたが、高麗側が情報をキャッチしていた可能性は否定できない。少なくとも小規模な倭人侵犯事件はときおり発生しており、一三五〇年からはいわゆる前期倭寇が本格化する。日本列島からの軍事的脅威は、高麗にとって必ずしも絵空事ではなかったといえよう。

とはいえ、日麗間の交易が消滅したかにみえることは、日元両国がたがいに警戒しつつも活発な交易をみとめていたこととは対照的である。その意味では、史料に高麗への漂民・海賊としてあらわれる倭人に、実際には交易者がふくまれる可能性も疑われよう。高麗が対日防衛のかなめを自任したことからすれば、

『高麗史』等の官製記録において当時の日本が基本的に警戒対象として登場するのは当然ともいえ、高麗側のポーズにすぎない可能性も考えられる。

このように、敵性勢力である日本に対する東辺の備えという立場は、モンゴル駙馬にして征東行省の丞相、かつ独自の王国の君主であるという、当時の高麗王の三つの基本属性をつらぬく共通背景だった。そしてそのような高麗王を元朝皇帝の権威下に再生産するしくみが禿魯花・ケシク制度だった。東辺鎮守とは、もともと高麗が、意にそわぬ形ではじまった対日戦役を通じて元から背負わされた責務だったが、高麗側が元の傘下でみずからに有利な生存環境をめざしてその立場を積極的に勝ちとり、利用していった側面もあるのである。

**▼恭愍王**（在位一三五一～七四）　高麗第三十一代国王。忠粛王の第二子で、忠恵王の弟。諱は祺、顓。モンゴル名はバヤンテムル。

# ④―国内政治空間の変容

## 「僭擬」の改定

高麗《こうらい》が元の傘下で相対的な地位の安定と向上を得たことは、いっぽうでは代償をともなった。対日戦役をはじめとする軍事協力や各種の物資・労力の提供は代表的なものだが、国制に関しても大きな変更がくわえられた。本書の冒頭でもふれたように、高麗ではもともと大陸の王朝に対して事大形式の外交をおこないながらも、みずからの君主を天子・皇帝になぞらえた国家体制を形成していた。従来の大陸王朝はこれを特段とがめることもなかったが、元は問題視したため、忠烈王代はじめまでに諸侯国の格式に即して降等することになった。

その結果、たとえば君主の一人称は朕から孤へ、王命は聖旨から王旨へ、君主に対する言上は奏から呈へと変わった。また高麗王を中心とする世界観を誇示する祭礼だった八関会《はちかんかい》（六頁参照）の内容も変更された。

高麗では死去した国王を独自の宗廟にまつり、その廟号をもって太祖、文宗、高宗などとよんできた。しかしこの伝統も元宗を最後にとだえ、忠烈王から忠《チュン》《ちゅう》

定王《ジョンワン》《ていおう》にいたる各王は、いずれも没後に元朝皇帝から下賜された諡号によって称された。ここにひとしく「忠」字が用いられているのは、元朝皇帝に対する忠誠の証としてである(なお恭愍王《コンミンワン》《きょうびんおう》▲は明から下賜された諡号による)。

官制では唐宋の制度にもとづき中国と同じ名称を使用してきたものが一新されたが、なかでも最高中枢機関である中書・門下・尚書の三省▲は統合されて僉《せん》議《ぎ》府《ふ》(のちに都《と》僉《せん》議《ぎ》使《し》司《し》)となり、同じく最高機関として機密顧問にあずかる枢密院は密直司に改編された。そしてこれらの機関の上層部を構成する宰相たちの合議機構として、従来「軍国の重事」を処決する特任機構であった都兵馬使を改編して都評議使司が生まれた。これは、つづく朝鮮王朝の最高議決機関、議政府の前身である。

またこうした元の制度との調整は官庁レベルにとどまらず、官僚集団の階層構造を形づくる官品にもおよんだとの見解がある。矢木毅《やぎたけし》によると、一三〇八年の官制改革の結果、それまで三品以上、五品以上、七品以上で区分された卿・大夫・士の分界線が一品ずつつくりあがって二品以上、四品以上、六品以上となり、この官品構造が朝鮮王朝にも継承されたという(『高麗官僚制度研究』)。

**▼中書・門下・尚書の三省**　唐制では中書省が王命を起草し、門下省がこれを審査したうえ、尚書省に回付して発行される。高麗もこの制度を継受したと考えられるが、いっぽうで中書省と門下省が一体化して中書門下省になっていたという見解もある。

**官品構造の変化**

| 官品 | 【高麗前期】 | 【高麗後期～朝鮮時代】 |
|---|---|---|
| 一品 | 卿(公卿) | 卿(公卿) |
| 二品 | 卿(公卿) | 卿(公卿) |
| 三品 | 卿(公卿) | 大夫 |
| 四品 | 大夫 | 大夫 |
| 五品 | 大夫 | 上士 |
| 六品 | 上士 | 上士 |
| 七品 | 上士 | 中士・下士 |
| 八品 | 中士・下士 | 中士・下士 |
| 九品 | 中士・下士 | 中士・下士 |

(矢木毅『高麗官僚制度研究』より)

文翰學士金汝孟丹券
皇帝福蔭裏特進上柱國開府儀同三司征東行中書省右丞
相駙馬高麗國王諭一等功臣朝奉大夫試衛尉尹世子右贊
善金汝孟自漢唐以來至于本朝臣下有殊功茂烈則特賜丹
券用示厚賞此乃有國有家者之通制所以稽善勸勳也朕言
代君子之功徒以邊境上對敵決勝或朝廷開制度定策之功
耳然辛未歲寡人爲安社稷入侍天庭備嘗險阻之時爾固可
忠家勤勞隨從至于四年終始一心又輔導寡人請婚天庭復
登三韓流榮萬國式至今日之休朕嘉其功記其勞爵以丹券
仍給田丁奴婢粗答忠誠朕雨功大賞徵常有歉朕之意謹聞
上國賞養功臣之制客有犯禁不加於法雖至九犯終不之罪
及至十犯不得已論之至於子孫亦如之今欲稱上國之制雖
行而不變爾雖有大犯君不忍十犯誓終赦宥將使後世子孫
永受其賜當予甚致之時無復置疑至於後嗣君王宜遵朕
意堅行此制但欲都僉相慶永保國家耳故茲詔示詳宜知悉
至元二十九年壬辰十二月　日高麗忠烈王所賜

**金汝孟功臣教書写**

ただ高麗の「僣擬《せんぎ》」がただちに一掃されたわけではない。たとえば一二九二年の「金汝孟《キムヨメン》功臣教書《きんじょもう》」では、冒頭句を「皇帝福蔭(正しくは廕)裏」とし、発令者である忠烈王を元朝皇帝の臣下として示しながら、王の一人称を「朕」、王言を「詔」と称している。このあたり、決して一筋縄ではいかないのである。

## 元の制度とその触媒作用

高麗では在来の官制を変更するだけでなく、元に由来する新たな機構も設置された。前述の鎮辺万戸府《ちんぺんばんこふ》もそうだが、治安部隊として注目されるのが巡軍万《じゅんぐんばん》戸府《こふ》である。これは元の巡馬所の制にもとづき設置されたが、国王の側近が長官をつとめ、国王権力が反対勢力をおさえこむうえでも効力を発揮した。

またモンゴル駙馬となった高麗王のもとには、元のケシク(宿衛)と同様な親衛組織が編成された。モンゴルの四ケシクのように全体が一体的に組織されていたかどうかは不明だが、ケシクの職掌グループ(怯薛《ケシク》執事)と同名の組織が確認される。すなわち忽赤《コルチ》(弓箭を帯びて警護)、鷹坊《ようぼう》または時波赤《シバウチ》(鷹狩用の猛禽類を管理)、必闍赤《ビチゲチ》(書記)、迕達赤《イルドチ》(大刀を帯びて警護)、速古赤《シクルチ》(天蓋・衣服の管理)、八加赤《バラガチ》(門衛)、阿察赤《アチャチ》(房舎の管理)などである(カッコ内に記した機能はモンゴルでのもの。高麗での機能についてはさらに検討が必要なものもある)。

このうち忽赤は、当初、かつて王とともに禿魯花《トルガク》として元におもむいた官僚子弟たちから組織された。忽赤や鷹坊などは、国王直属の武力装置として、対外警備のほか、国内の政争、反対勢力への弾圧などにも動員された。

必闍赤は一二七八年に設置された当初は「別庁宰相」ともよばれ、国王が正規の官僚機構を通さずに機務を処決するための諮問集団として存在感を示した。その後こうしたありかたは必ずしもうかがえなくなるが、「王府必闍赤」または「王府知印」という別称のもと、高麗王府の秘書役として存在したらしい。その際、注目されるのは、少なくとも十四世紀半ばまでには必闍赤が王宮内におかれた人事行政機構、政房のスタッフとなっており、それ以前にも必闍赤となった者と政房のスタッフとが一致するケースがしばしばみられる点である。

ここで想起されるのは、かつて武臣政権では、軍事力と官僚人事の掌握が政権運営のかなめだったことである。軍事力を背景に政権を奪取した執権武臣にとって、意のままに動かせる武力の保持は政権の存続に直結する重大事である。

そのため彼らは都房とよばれる大規模な私兵集団を組織し、また国軍である三別抄も事実上その軍事基盤となり、政変の際などに動員された。しかし武臣政権は広範な統治業務を遂行できるだけの人的機構を独自に擁したわけではなく、基本的には在来の王朝政府を通じて国政を掌握するしかなかった。そのため官僚集団を統制する手段として人事権を重視した。文武官僚の人事は通常であれば吏部と兵部でおこなうため、当初はその掌握に意がそそがれたが、崔氏政権のときに私的な人事機構を私邸におくようになった。それが政房である。

中央集権官僚制国家の長として、高麗王は本来こうした私的な権力機構を否定すべき立場である。しかし武臣政権崩壊後の高麗王は、ケシクや巡軍などの形で在来官制の枠外に独自の武力装置を保持した。そして政房を宮中に接収し、その運営に王の私設秘書ともいうべき必闍赤が関わった。すなわち当時の高麗王は、武臣政権の政治手法を踏襲したのである。それは元・モンゴル由来の制度の導入という形をとる部分があったわけだが、とりわけケシクの設置は王がモンゴル駙馬となることで可能だった。いいかえると対元関係は、高麗王に武臣政権の政治手法を「合法的に」継承する機会を提供したのである。

十四世紀後半の史料では高麗王のケシク組織が「愛馬《アイマク》」(モンゴル語で投下やその所領の意味)と記されるが、高麗伝統の国王近侍職である内侍・茶房などの成衆官とともに「成衆愛馬」と並称されるケースが目につく。これは成衆と愛馬の組織としての同質性を示唆する。そもそも内侍とは中国では宦官の職だが、高麗では科挙合格者や門閥子弟などから有能者を選抜した国王側近のエリートである。御用茶を管理する茶房も、宋では宦官もあずかる職だが、高麗では高官クラスをふくむれっきとした文官が就任する。ケシクのような親衛組織はモンゴル以外にも北アジア系民族の政権にしばしばみられるが、高麗の成衆官はこれと似かよった性格をもつのである。高麗の国家体制は唐宋の制を継受し、一般には中国風といわれる。それ自体は誤りでないが、そこに北アジア的要素がふくまれることは注目に値する。モンゴルの制度・慣習をどのように受容するかという問題は、王朝の隠された体質をあぶりだす試薬ともいえ、モンゴルの影響をこうむった他地域との興味深い比較材料を提供してくれる。

このように元・モンゴル由来の制度は、高麗前期以来の政治文化、およびそこから派生した武臣政権以降の政治潮流と期せずして共鳴、シンクロナイズし、

▼**趙浚**（一三四六〜一四〇五）　高麗末・朝鮮初の文臣。本貫は平壌、字は明仲、号は吁斎、松堂。朝鮮王朝の建国功臣のひとり。

状況を新たな方向に展開させた側面をもつ。そのためか、十四世紀末以降にこうした組織を改革する際、それは高麗という樹幹に刺さった異質な接ぎ木を単純にひきぬくような話ではすまなかった。改革論者のひとり趙浚▲の議論をみると（『高麗史』巻一一八・本伝）、「愛馬が国王の警護や家政に無禄で奉仕し、多くの労苦を負ういっぽう、在来の関係官衙がお飾りになって禄俸を徒食している」現状を批判しつつも、結論としては、愛馬のほうを廃し、受禄者に本来の任務をはたさせるという、いささかいりくんだ内容になっている。

## 領域統治の変質

在来の体制を保障するとしながらも、高麗の領域統治のありかたには一定の変化が生じている。

第一に領域そのもののゆらぎである。一二五八年、モンゴルの侵攻に対し東北辺の海島にたてこもった住民が窮乏にたえかね、趙暉らにひきいられて蜂起し、行政官を殺害してモンゴルに投降した。その結果、和州《ファジュ》《わしゅう》（現在の咸鏡南道金野）をはじめとする高麗東北辺の州・鎮は双城総管府《そうじょうそうかんふ》としてモンゴル帝国に編

**元に直轄された高麗領**

入された。また一二六九年の国王廃立事件に際しては、西北地域の最高行政庁（西北面兵馬使営）の属吏だった崔坦《チェタン》《さいたん》らが多くの地方官を殺害して元に投降し、その結果、慈悲嶺《チャビリョン》《じひれい》（岊嶺《チョルリョン》《せつれい》）以北の広大な地域が東寧府《とうねいふ》（のちに東寧路）として元に直轄された。さらに、元に抵抗をつづけた三別抄が一二七三年に済州島《チェジュド》《さいしゅうとう》で滅亡すると、元は同島を直轄下におき、行政長官としてダルガチを派遣した。このうち東寧路は一二九〇年、済州島は九四年に返還されたが、双城総管府は一三五六年に高麗が武力奪還にふみきるまで元の直轄下にあった。

ゆらぎの第二は人口流出である。この現象は対モンゴル戦時から戦争捕虜をふくめておこっていたが、元に帰服したのちの流出民については高麗への帰属がみとめられ、しばしば刷還（摘発・送還）がおこなわれた。しかし人口流出はやまず、遼陽《りょうよう》・瀋陽《しんよう》・双城などの北隣地域から現在の遼寧省西部や吉林省などの地域にまで広がった。高麗は現地に官人を送り捜索をおこなったが、地元の官憲や有力者の妨害もあってなかなか進展しなかったという。

ただ流出民問題が始終とりざたされたのは、それが高麗政府の利害に関わるからである。いっぽうでは元側から朝鮮半島に流入してくる人びともあった。

**元の牧場があったという済州島の水山坪付近**

そこにはモンゴル王族のもとから逃亡した軍卒や領民、養子縁組を口実につれだされ奴隷として売りとばされた華北や江南の子女もいた。政治統合のもとで「国境」の垣根が低まった結果、人口移動が双方向的に活性化したのである。

　済州島では高麗返還後も元朝直営の帝室御用牧場が残り、モンゴル牧民が活動していた。また十四世紀初、元と対立する中央アジアのモンゴル王侯のひとりとみられる八驢迷思が元に帰順した際、元は彼の部民を高麗に移住させようとした。このときは牧民と高麗の民が摩擦をおこすことを懸念して撤回されたが、高麗領内に八驢迷思らを住まわせること自体が問題視された形跡はない。

　元ではその国内各地に、諸王・駙馬をはじめ、さまざまなレベルの政治勢力の権益にかかわる人間集団がモザイク状に散在していた。朝鮮半島もそうした政治・社会環境に包摂されていたといえる。このように領域支配の排他性がゆらぐなかで高麗に対する元の内政干渉もくりかえされた。とくに十四世紀初には征東行省《せいとうこうしょう》への幹部職員の増派がくりかえされたが、そのうち平章政事の闊里吉思は高麗国制の大々的な変革を試み、とりわけ奴婢制の改革論が高麗支配層の強い反発をかった。そして高麗政府を廃絶し、征東行省を元朝政府で直営しようという立省運動は、実現こそしなかったが、干渉の最たるものであった。

## 王位継承問題

対元関係のもと高麗の王位継承は不安定になり、忠烈王から忠恵王までの各王が一度退位したのちに復位するという複雑な経過をたどった。このことは高麗に対する元の抑圧・統制と理解されがちだが、それほど単純な話ではない。

高麗王が元の支配層の一員となり、王子が禿魯花《トルガク》として元朝宮廷に送られ、その他さまざまな理由で国王をはじめとする王族が元に長期滞在する機会が増えることで、高麗王家の人びとは個々の立場で元の政界と深く結びつくようになった。しかしその元の政界は、クビライ没後、帝位をめぐり不安定な政局がつづいた。そのため元の特定勢力と結びついた各王族は、好むと好まざるとにかかわらず、その係争にまきこまれ、地位を浮沈させた。のみならず高麗内部でも、現役の国王とその世子《せいし》、ときには他の有力王族が、それぞれ支持集団を擁して分派対立を生じ、元の政局をうかがいつつ暗闘するようになった。

一二九八年に即位した忠宣王《チュンソンワン》《ちゅうせんおう》は、その強圧・独断専行的な政治手法が問題視

**▼ハラガスン**(一二五七～一三〇八)　オロナウル族出身。成宗朝、一三〇三年より中書右丞相となる。

**▼アユルバルワダ**(在位一三一一～二〇)　モンゴル帝国第八代皇帝。クビライの第二子チンキムの第二子ダルマバラの第三子。廟号は仁宗、ブヤントゥ・カアンと贈諡される。

**▼カイシャン**(在位一三〇七～一一)　モンゴル帝国第七代皇帝。クビライの第二子チンキムの第二子ダルマバラの第一子。廟号は武宗、クルク・カアンと贈諡される。

され、元の指示で年内に退位した。そして再教育の名目で元のケシクに召喚されたが、復位した忠烈王とその側近は忠宣王を敵視し、傍系の瑞興侯琠《チョン》《てん》を次期国王候補にかつぎだした。当時元では病弱な成宗テムルのもとで皇后ブルカンの力が強く、大臣のアクタイらがこれと結びついていたが、忠烈王側は彼らに近づいて忠宣王の追い落としをはかった。これに対し忠宣王のバックには元の丞相ハラガスン▲がつき、一三〇五年に忠烈王が入朝すると、元朝宮廷を舞台にかけひきがくりひろげられる。しかし一三〇七年に成宗が死去すると、ハラガスン一派はクーデタを敢行し、帝の甥にあたるアユルバルワダ▲をひきいれて宮廷を掌握、ブルカン一派を排除した。忠宣王はこのときアユルバルワダ側にくみし、その支持を背景に忠烈王派をおさえ、本国の奪権に成功した。

その後、アユルバルワダの兄でモンゴリアに出鎮していたカイシャン▲が大軍をひきいて南下すると、アユルバルワダはこれに政権をゆずり、みずからは「皇太子」となる。忠宣王も同調し、カイシャン(武宗)政権のもとで「推戴の功」により瀋陽王(のちに瀋王)に封じられる。しかし五年後に武宗が急死すると、即位したアユルバルワダ(仁宗)はカイシャン政権の首脳を一掃した。しかし忠宣王はもともと仁宗との関係が深かったため、ひきつづき厚遇された。

一三一三年に忠宣王は息子の忠粛王に位をゆずったが、上王として実権をにぎりつづけ、両者の間に対立が生じる。一三二〇年に仁宗が死去し、あとをついだ英宗シディバラが先代以来の有力者を一部粛清すると、忠宣王も失脚してチベットに流される。するとその機会をとらえ、高麗本国では忠粛王が忠宣王派に対して巻き返しにでる。ところが元では忠宣王の甥で同王から瀋王位を継承していた暠《コ》《こう》が高麗王位をうかがい、英宗の側近で忠粛王の讒言をくりかえし、そのため忠粛王は元に抑留されることになる。

一三二三年に英宗が暗殺されて泰定帝イェスンテムル▲が即位すると、忠粛王は名誉回復される。その泰定帝が一三二八年に死去すると、武宗の遺児トクテムル▲(文宗)がエルテムル▲にかつがれて大都(現在の北京)で即位し、上都(現在の内モンゴル自治区シリンゴル盟正藍旗)にいる泰定帝の遺児との戦いに勝利する。その後いったんは兄コシラ▲(明宗)に位をゆずるが、これを亡き者にして帝位をとりもどす。このいわゆる天暦の内乱のさなか、高麗世子として禿魯花になっていた忠恵王は、文宗側にくみし、権臣エルテムルの知遇を得た。逆に本国の

▼**イェスンテムル**(在位一三二三～二八)　モンゴル帝国第十代皇帝。晋王カマラの第二子。

▼**トクテムル**(在位一三二八～二九／一三二九～三二)　モンゴル帝国第十二代皇帝。カイシャンの第二子。廟号は文宗、ジャヤガトゥ・カアンと贈諡される。

▼**エルテムル**(?～一三三三)　キプチャク族出身。文宗期の権臣で、太平王に封じられた。

▼**コシラ**(在位一三二九)　モンゴル帝国第十一代皇帝。カイシャンの長子。廟号は明宗、クトゥグトゥ・カアンと贈諡される。

忠粛王は文宗政権に対する態度を明確にせず、忠誠を疑われる結果をまねいた。するとこれに便乗して、忠恵王の即位をうったえる者が高麗本国からもあらわれ、忠粛王は忠恵王に譲位することになる。

前出の瀋王暠はその後も高麗王位の獲得に意欲をみせ、また高麗国内にも支持勢力がいたため、高麗の政局はときおり混乱した。高麗王家にふたりの「王」が出現し相争ったことは元の高度な離間策にもみえるが、結果論というべきだろう。もともと瀋王号は忠宣王が武宗から優待の一環としてあたえられたものだが、同一人物がふたつの王号をもつのは不適切と指摘され、高麗王位を忠粛王にゆずり、そののち瀋王位を暠に譲ったのである。もともとモンゴルではひとつの王家の複数の息子にそれぞれ王号をあたえる話はよくあることだった。遊牧社会では男子が成長した順に財産を分与されて「家分け」していくので、このようなことが可能なのである。しかし中央集権国家ではそうした「国分け」ができない。そのため瀋王暠は本国の権益を求めて策動したのである。これは異質な社会の慣習が適用されたために生じた副作用というべきであろう。

**廉悌臣**（ヨムジェシン／れんていしん、一三〇四〜八二）　高麗末の名臣として知られる彼も、元で育ち泰定帝のケシクとなった経歴をもつ。

## 君臣関係の変化

元との関係の深化は高麗の君臣関係に深刻な影響をあたえた。高麗の臣僚のなかには王族の禿魯花にしたがって元のケシクにはいり、あるいは一三一三年に復興された元の科挙を受験するなどして元朝皇帝の直臣となる者があらわれた。また元に暮す高麗人の子弟が、はじめ元朝政府に出仕したのち、高麗の官僚となるケースもある。こうした高麗官人と元の個別の結びつきは、それ自体がただちに高麗政府の不利益になるわけではなく、高麗が元に対して何らかのはたらきかけをおこなう際のパイプともなる。しかし当該人物がときの高麗王と対立した場合、彼は元の権威を背景にみずからの利害を優先することもできるわけである。そのような場合、ときに国王の尊厳はいちじるしく毀損された。

たとえば十四世紀半ば、元のケシクであると同時に高麗の版図判書（財務・民政長官）の要職にあった崔源《チェウォン》《さいげん》は、忠定王に対して不遜な発言があったため下獄・鞫問《きくもん》されようとするも、これを拒絶し、取調官に対して「皇帝のケシクはもとより罵辱してはならず、また鞫問してはならないことを知らないのか」とうそぶく始末だった（『高麗史』巻一三一・崔濡伝）。まさしく「王国に仕えては王の臣」でありながら、「天子の朝に仕えては天子の臣」でもある者が、ふたつの立場の軽重を天秤にかける(『拙藁千百』巻二・崔大監墓誌)という前代未聞の事態が出来《しゅったい》したのである。元が実質をともなった上位権力として君臨することで、高麗国内における高麗王権の絶対性もゆらいでいた。

いっぽう官人側からみれば、これは処世の選択肢がひろがったことを意味する。ときの高麗政府で立場を悪くした者が、一時的に元に身をよせ、ほとぼりを冷ますことも、しばしばみられた現象である。

これに対して国王側は、信任する側近で要職をかため、前述の政房・ケシク・巡軍の組織なども利用して、流動的な政局をのりきろうとする傾向を強める。とりわけ禿魯花・ケシクとして元に滞在した際の従臣は支持勢力の中核となった。その結果、当時の王権はある種少数専制的な傾向を強めることになる。しかしこのことは、官僚機構・官人社会全体における支持基盤をかえって脆弱にし、王権の求心力をいっそう低下させる悪循環をまねいた。

また各王が自身の支持グループを形成、維持するうえで、土地や奴婢などの下賜が重要な政治的意味をもったが、定限を欠く「ばらまき政治」の傾向を生むことになり、権勢家による土地や奴婢の占奪行為の温床ともなった。当時もその弊害はくりかえし論じられたが、それはしばしば対立勢力の行為を非難するにとどまり、自派に関しては相変わらずばらまきがくりかえされた。

王権のゆらぎは、高麗官人奇轍《キチョル》《きてつ》▲の妹が順帝トゴンテムル▲の皇太子を生み、皇后に冊立されるにおよんでピークに達する。高麗の臣下が元朝皇帝の外戚として国王に匹敵する権勢を手にいれたのである。一三五六年、恭愍王は奇轍ら国内の元朝外戚勢力を排除し、勢威にかげりのみえはじめた元から離脱政策を開始する。これはたんなる反元政策というより、巨視的には元朝内部における奇皇后一派をめぐる諸勢力の角逐構図の一コマという面もある。ただしこれを機に進められていった政治改革の内容をみると、国内的には元の傘下でゆらいだ王権の再定立という課題に対処するものだったことがわかる。

恭愍王の試みは、元(北元)▲・明との外交戦、倭寇や紅巾軍▲の侵奪、国内抵抗勢力との葛藤という内外の流動化した情勢への対応におわれるなか、必ずしも十分な成果をあげられなかった。しかし、そこから朱子学の理念を標榜する改革派官僚が成長し、やがて事態は王朝変革へと進んでいく。

**▼奇轍**(?～一三五六)　本貫は幸州。妹が皇后となったことで元にとりたてられ、征東行省の参知政事・遼陽行省の平章政事に任じられ、高麗政府からも政丞(筆頭宰相)と大司徒の位をさずけられた。

**▼トゴンテムル**(在位一三三三～七〇)　モンゴル帝国第十四代皇帝。コシラの長子。廟号は恵宗、ウカガトゥ・カアンと贈諡された。順帝は明があたえた諡号。

**▼北元**　一三六八年に明の攻撃をさけてモンゴリアに撤収したのちの元朝政権のこと。

**▼紅巾軍**　一三五一～六六年に安徽・湖北地方から中国南部にひろまった民衆反乱の主体。紅い頭巾をつけてシンボルとした。白蓮教をはじめとする民間宗教結社を基盤とし、元の中国支配を動揺させ、一部は高麗にも侵攻した。明を建国した朱元璋はこの動乱のなかから台頭した。

▼**趙仁規**（一二三七～一三〇八）　本貫は平壌、字は去塵。忠烈王代、モンゴル語の訳官として対元交渉の重要局面で活躍した。

▼**松広寺**　十三世紀初、普照知訥によって創建。当時は修禅社といった。山号は曹渓山。知訥により朝鮮独自の禅風（朝鮮禅）が確立されるが、松広寺はその根本道場となった。

# ⑤—「混一」時代の国際交流

## 多言語世界の人間交流

高麗《こうらい》と元の関係が深まるにつれ、両国間の交流もさまざまな次元で活発化した。政治レベルでも儀礼的な聘礼使《へいれいし》にくわえ、種々の事務連絡、物品授受に関して臨時の使者がかつてなく頻繁にいきかった。そして元の科挙に応試する者、禿魯花《トルガク》・ケシクとなる者たち、さらに国王とその従臣などが、しばしば元の都に往来した。高麗国内まで延伸された元の站赤《ジャムチ》（駅伝）がそうした公的な交通をささえた。大陸への旅は、もはや稀少なイベントではなくなったのである。

元の社会はモンゴル語を筆頭に、漢語、ペルシャ語、ウイグル語、チベット語などユーラシア各地の諸語・諸字がとびかう多言語世界だった。こうした環境のもと、高麗ではモンゴル語や漢語会話の通訳が対元交渉の要務となり、趙仁規▲のように訳官から大官へと出世する者も数多くあらわれた。

高麗にもたらされるのはモンゴル語や漢語だけではない。禅宗の古刹松広《ソングァン》《しょうこう》寺《サ》《じ》▲（全羅南道順天《スンチョン》）には一通のチベット語文書が伝わる。これは元の仏教最高

**松広寺チベット文法旨**

**▼マーバル国**　インド半島南端の国。マーバルは渡し場を意味するアラビア語で、インド史上のパーンディヤ国に相当。インド洋交易の要衝で、元とは使節の往来があった。

**▼パクパ字**　チベット文字をもとに初代帝師パクパが考案した。

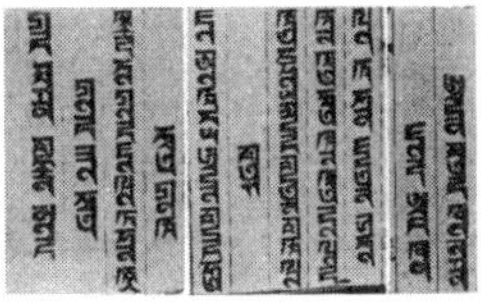
**李達漢パクパ字任命文書写**

権威として帝師に任じられたチベット高僧から発せられた法旨という発令文で、長脚行書という独特な書体で書かれている。断片的に判読できる内容から、高麗の寺院かその関係者に財産等の保護をあたえた特許状と推定される。元では宗教者に対し皇帝の福を祈る代価として各種の保護をあたえたが、高麗の仏教界もそうした元の宗教秩序に、少なくとも形式上はくみこまれたのである。

　高麗にやってくる元の人士のなかにはアラブ・ペルシャ系、ウイグル系とおぼしき者もふくまれている。忠烈王代の宰相蔡仁揆《チェインギュ》《さいじんき》の娘は、元に亡命してきた南インドのマーバル国▲の王子にとついだ。おそらく当時の高麗人には、ユーラシア西方・南方の言語にふれる機会もあったであろう。

　文章が漢文で書かれても、それが漢字とはかぎらない。一三三四年、高麗の李達漢《イダルハン》《りたつかん》が元から高麗国万戸府《ばんこふ》万戸に任命された際の叙任状は、漢文を元の公用文字であるパクパ字▲（パスパ字）で音写した文章で書かれた。また漢文には公文書等で多用されるモンゴル語直訳体白話風漢文というモンゴル語翻訳用の特殊文体もふくまれる。第一章で紹介したモンゴルの第一次高麗侵攻の際におくられた書状の文体はそれである。高麗末に生まれ朝鮮時代に漢語教科書として使

**忠宣王が大蔵経を寄進した寺院のひとつ天寧寺**（河南省安陽）

**▼指空**（?〜一三六一）　北部インドのマガダ国の王子として生まれるが幼くして出家。のちチベット・雲南をへて燕京（現在の北京）にいたり、高麗を訪れて金剛山などに遊んだ。

**▼中峰明本**（一二六三〜一三二三）　杭州銭塘の人。皇帝以下の元の支配層や、日本の留学僧からも多くの帰依をうけた。諡号は智覚禅師。

**▼白蓮教**　南宋代に阿弥陀浄土信仰からおこった呪術的な民間宗教。政府の禁圧と公認がくりかえされ、明清時代にいたるまで、しばしば大規模な民衆反乱の土台となった。

用された『老乞大《ろうきつだい》』という書物がある。近年高麗時代の原型を伝える旧本が発見され、その言語学・歴史学的価値が注目されているが、その文体については、元代の漢語口語とみる説と、モンゴル語直訳体とみる説の論争がある。

　高麗には禅僧、チベット仏僧、道教の道士など大陸のさまざまな宗教者が訪れた。インドの高僧指空《しくう》▲もそのひとりである。名僧として知られる冲止《チュンジ》《ちゅうじ》・普愚《ボウ》《ふぐ》・恵勤《ヘグン》をはじめ高麗僧も元におもむいたが、なかには義旋《ウイジョン》や海圓《ヘウォン》のように大都の皇帝ゆかりの勅建寺院に住した人物もいる。元に居住・滞在する高麗人の宗教活動もさかんで、チベット仏僧となった者もいるが、とりわけ忠宣王《チュンソンワン》《ちゅうせんおう》は中国各地の仏寺に大蔵経を寄進し、江南の高名な禅僧中峰明本《ちゅうほうみんぽん》▲に帰依した。また同王はのちに紅巾の乱の母体となる白蓮教▲とも何らかの接触があったらしい。

　高麗政府には以前から中国からの渡来人が仕えることがあったが、この時代には王妃としてとついできたモンゴル公主の従臣がくわわり、そこにはモンゴル人の印侯《インフ》、回回《かいかい》（中央アジアや西アジアのムスリム）の張舜龍《チャンスニョン》、タングート人（チベット系）の盧英《ノヨン》など、北方・西方系の人びとの姿もみえる。

　いっぽう前述のごとく、高麗からはケシク、科挙等の機会を通じて元朝政府

**冲止の舎利塔**(順天・松広寺)　冲止(一二二六~九二)は、高麗後期の禅僧で、松広寺の第六世。クビライに松広寺の寺領保護を訴える表文を起草し、招聘をうけて入元した。諡号は円鑑。

**普愚の舎利塔碑**(高陽・太古寺)　普愚(一三〇一~八二)は、高麗後期の禅僧で、朝鮮における臨済宗の開祖。太古国師とも呼ばれた。諡号は円証。

**恵勤の舎利石鐘**(驪州・神勒寺)　恵勤(一三二〇~七六)は、高麗後期の禅僧で、懶翁、江月軒とも号した。一三七一年に王師に封じられた。諡号は禅覚。

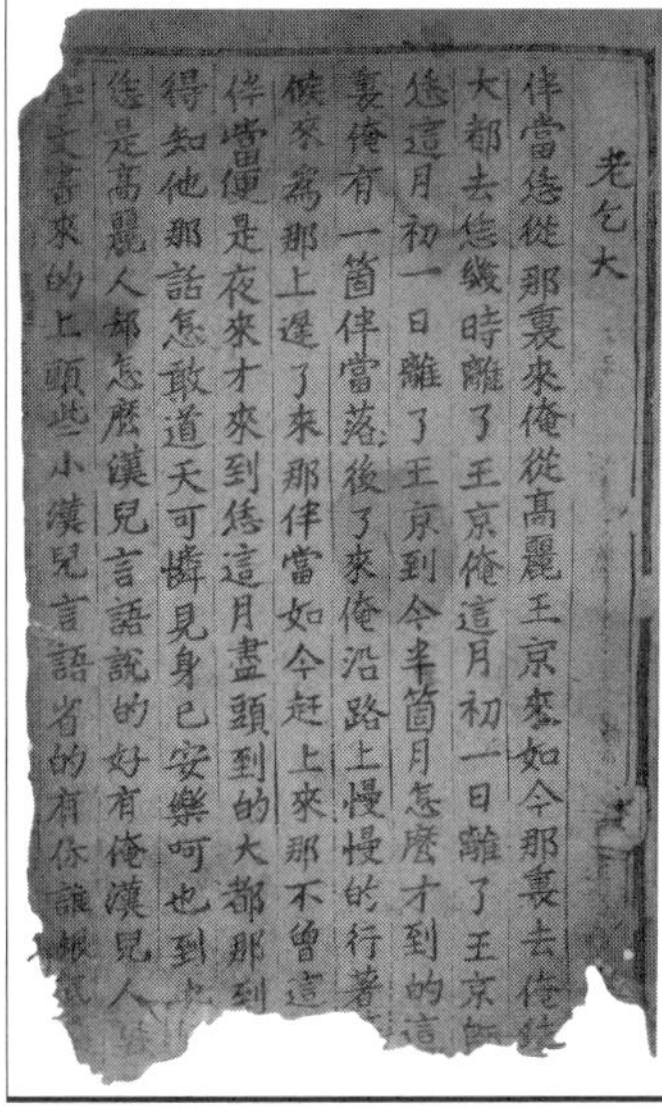

老乞大
伴當恁從那裏來俺從高麗王京來如今那裏去俺往
大都去恁幾時離了王京俺這月初一日離了王京
恁這月初一日離了王京到今半箇月怎麽才到的這
裏俺有一箇伴當落後了來俺沿路上慢慢的行着
候來爲那上遲了來那伴當如今赶上來那不曾這
伴當便是夜來才來到恁這月盡頭到的大都那到
得知他那話怎敢道天可憐見身己安樂呵也到
恁是高麗人却怎麽漢兒言語說的好有俺漢兒人
上文書來的上頭些小漢兒言語省的有你誰

**旧本『老乞大』**

に出仕する者がいた。また高麗からは支配層の童女や宦官が元朝宮廷に送られた。このうち童女の献上(貢女)は、かのマルコ・ポーロ▲が記すようにモンゴル内部では栄誉とされたが、高麗では当事者家族に大きな苦痛をもたらし、廃止も建議された。しかしそうした女性がいったん宮女として元の後宮にはいり、あるいはその高級支配層にとつげば、本国の家族は元とのコネを背景に権勢を得ることになる。その最たる者が順帝の皇后をだした奇氏《きし》一族だった。

　また高麗人宦官も元朝宮廷において隠然たる勢力をもち、高麗本国にも影響力をふるった。元末の政局を描いた野史である権衡《けんこう》▲の『庚申外史《こうしんがいし》』では、元の衰亡原因として高麗人皇后のもとでの宮中の紊乱《びんらん》をあげている。一面的な決めつけのむきもあるが、元中期以降、キプチャク族・アス族などトルコ系の軍閥によって政治・軍事の中枢が占められたことがモンゴル貴族に対する元朝皇帝の求心力を弱めたという指摘をふまえるならば、後宮における高麗人勢力の伸張が同様な影響をもたらした可能性もあながち無視できないだろう。

　当時の高麗人の国際化した姿をもっとも象徴するのが高麗人ムスリムの存在である。中国広東省の首府広州のムスリム墓地で発見された一件のアラビア語

**▼マルコ・ポーロ**(一二五四～一三二四)　イタリア・ヴェネツィアの商人。一二七一年に内陸ルートで元におもむきクビライにつかえ、九二年にフレグ・ウルスに贈られた王妃を護送して海路イランにいたった。その後一二九五年にヴェネツィアにもどり、見聞記『東方見聞録』をあらわした。その実在を疑う見解もあるが、彼のようなヨーロッパの商人が元におもむいていたことは確かである。

**▼権衡**(生没年不明)　江西吉安の人、字は以制、号は葛渓。元末明初の民間学者。『庚申外史』は彼の同時代の見聞にもとづいてまとめられた。

ラマダーン墓碑

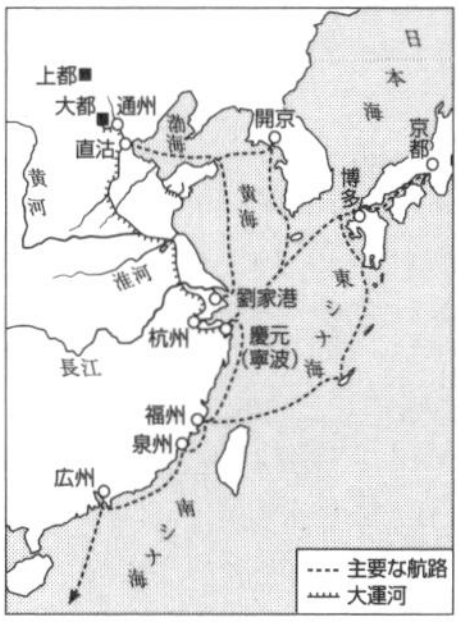

元代の主要な海上航路

墓碑がある。これによると、ムスリムである墓主のラマダーンは、大都郊外で生まれた高麗人だという。父の名はアラー・アッディーンであるから、少なくとも父の代にはムスリムとなっていたらしい。彼は広西地方の県長官として赴任してきたが、一三四九年に三十八歳の若さで没したのである。

## 経済交流

元では、モンゴル王侯から資本提供をうけて特権的な立場で貿易をおこなうオルトク商人の活用など、積極的な商業振興策がとられた。その結果、ムスリム商人やウイグル商人などが主軸となり、ユーラシアの東西にわたって内陸部から南方海域までを結びつける商業・物流・交通のネットワークが発達した。

前述のごとく元は高麗に対して恒常的な徴税をおこなわなかった。軍需や救荒のために穀物供出をもとめることはあったが、逆に高麗の食糧難に応じて遼東や江南から物資を供給することもあった。とくに江南からの海上輸送には海道運糧万戸府が利用された。元は財政の根幹をなす江南の税糧を大都に移送するため、長江河口の積出港から大都の外港直沽《ちょくこ》(現在の天津)にいたる海上航路

**海側からみた礼成江河口**（写真中央）

を開拓し、輸送の担い手として江南の海上勢力を海道運糧万戸府に組織した。それが高麗への物資移送にも動員されたのである。また一〇年間ほどの措置だったが、一二九三年には元が済州島《チェジュド》《さいしゅうとう》から鴨緑江《アムノクカン》《おくりょくこう》にいたる朝鮮半島西岸一帯に水上駅伝（水站）を設け、高麗からの物資移出に便宜をはかろうとした。

高麗前期の朝鮮半島には宋の商船がさかんに来航した。その主要ルートは寧波《ニンボー》（北宋代の明州、南宋・元代の慶元）をハブ港とする江南を発し、東シナ海をわたって朝鮮半島南西近海にいたり、そこから王都開京《ケギョン》《かいけい》の外港である礼成江《イェソンガン》《れいせいこう》河口まで北上するというものだった。元代にもこうした中国商船の来航がつづいたが、現存史料では宋代にくらべて事例が少ない。ただ宋船の事例の多さは、高麗王に対する海商の物品進献行為が多数記録されたことによるもので、その多寡が貿易の実勢を反映するとはかぎらない。陳高華は、元代において海商と高麗王権の直接的な結びつきが希薄になった可能性を指摘する（「元朝与高麗的海上交通」）。十四世紀後半、明軍におわれた浙江舟山列島の海上勢力が朝鮮半島南西沿岸部に潜伏したが、そのようなことを可能にする両地域の密接なつながりが、前代までに生まれていたと推定される。長江河口の港太倉の殷氏のように、元の海運関係者が立場を利用して高麗貿易をおこなった例もある。

高麗からも国王の御用商船が江南で交易をおこない、王妃のモンゴル公主が朝鮮人蔘《にんじん》などを江南にもちこんで売りさばいたこともあった。この時期、高麗王権は商業への志向性を強め、華北にも商業目的でしばしば人を遣わし、遼西地方の懿州に解典庫《かいてんこ》(貸金業店)まで保有していた。とくに十四世紀前半の忠粛《チュンスク》《ちゅうしゅく》王《ワン》《おう》と忠恵王《チュンヘワン》《ちゅうけいおう》の周囲には商人出身の官人もめだつ。彼らのなかには王から資本をあずかって交易に従事した者もおり、あたかも元のオルトクのようであった。

また元の国都として大都が発展をとげた結果、現在の北京地域との経済的つながりも深まった。大都の商人が海路で高麗を訪れたことも確認されるが、前出の『老乞大』では、元へ交易にでかけた高麗商人が直沽から海路で開京にもどるという話もでてくる。おそらくは実態を下敷きにしているのであろう。

## 文物交流

元との文物交流のうち、朝鮮史の展開にもっとも影響をあたえたのは朱子学の東伝であろう。それ以前から貿易船のもたらす書物や情報により中国儒学の最新動向は高麗にもある程度伝わっていたようだが、南宋の朱熹《しゅき》▲によって大成された朱子学が高麗支配層に本格的に広まりだすのはこの時代である。これが高麗末には政治改革の理念となり、つづく朝鮮朝の体制教学に採用され、儒教社会とよばれる後代の朝鮮半島社会の特色を形づくっていく。朝鮮朱子学の先駆者として知られる安珦《アンヒャン》《あんきょう》▲、白頤正《ペクイジョン》《はくいせい》▲、李斉賢などは、いずれも禿魯花として元のケシクにはいったり、ケシクにはいった王族に随従して元の都に滞在したりした経験をもつ。当初朱子学は、このような政治的契機によって元に長期滞在する機会を得た人びとが中心となってもたらしたらしい。

元の儒教振興策は高麗にもおよび、征東行省《せいとうこうしょう》の儒学提挙司にもしばしば漢人文士が任用された。高麗の人びとは本国にいながらにして中国の学者とふれあうこともできたのである。そして一三一三年に復活した元の科挙は、朱子学を解答準拠としたため、これを通じて仕官をめざす学徒の朱子学学習を必然化した。それはほとんどの回に応試者を出した高麗の学徒にとっても同様だった。

元の科挙合格者には元の政界で中国の文士と交遊する機会がまっていた。また彼らは元の官僚としてみずからの子弟を元の国学で学ばせることもできた。

▼**朱熹**（一一三〇〜一二〇〇）　南宋の儒学者。福建尤渓県に生まれる。字は元晦・仲晦、号は晦庵・晦翁など。唐代まで儒教の主流だった訓詁学に対し、北宋以降、合理的思弁により実践倫理を追究する道学が発展してくるが、朱熹はこれを集大成した。これにより朱子と尊称され、その学問は朱子学と呼ばれることになる。

▼**安珦**（一二四三〜一三〇六）　高麗後期の文臣。本貫は順興、字は士蘊、号は晦軒。一二七九年ないし八四年から元に禿魯花として滞在し、朱子の書を高麗に伝えたと推定される。

▼**白頤正**（一二四七〜一三二三）　高麗後期の文臣。本貫は藍浦、字は若軒、号は彝斎。忠宣王にしたがい一二九八年から一〇年間にわたり入元、朱子学書を蒐集した。

前出した李穀《イゴク》《りこく》の子にして十四世紀後半の高麗を代表する文人である李穡《イセク》《りしょく》▲は、こうして元の都で学び、のちにみずからも元の科挙に合格した。

元の暦法として、郭守敬《かくしゅけい》▲らが西アジアの天文技術も利用して制定した授時暦《じゅじれき》が知られている。高麗の崔誠之《チェソンジ》《さいせいし》▲は、主君の忠宣王から賜った内帑金を使って元の専門家からしくみを学び、これを高麗に伝えた。その後も明がこれを大統暦と改称して使用しつづけたことにもよるが、朝鮮朝でも一六五六年に清の時憲暦が導入されるまで、授時暦が使用された。

農業技術では、元代における農書の集大成『農桑輯要《のうそうしゅうよう》』▲が高麗にもたらされ、独自に刊行されもした。これは十五世紀に朝鮮半島の農業条件により適した技術が『農事直説』として整理されるまで、大きな影響をあたえた。また文《ムン》《ぶん》益漸《イクチョム》《えきぜん》▲によって棉花の種が朝鮮半島にもたらされ、棉花栽培の道がひらかれた。こののち棉布は朝鮮時代における対日交易の重要な輸出品となる。また宋代に開発され元代中国でもひきつづき発達した火薬と火器の技術も高麗に伝わり、十四世紀後半の対倭寇戦で実戦配備されることになる。

モンゴル風のファッション(胡服)とヘアスタイル(弁髪)も、強制はされなか

▼**李穡**(一三二八～九六)　本貫は韓山、字は穎叔、号は牧隠。

▼**郭守敬**(一二三一～一三一六)　元の科学者。邢台の人、字は若思。算数・水利に明るく、暦法改定のほか河川水利事業にも功績をあげた。

▼**崔誠之**(一二六五～一三三〇)　高麗後期の文臣。本貫は全州、字は純夫、号は松坡。

▼『**農桑輯要**』　農政をつかさどる司農司によって一二七三年に撰述され、八六年に頒布。

▼**文益漸**(一三三一～九七)　高麗末の文臣。本貫は南平、字は日新、号は三憂堂。

ったが、国王をはじめ一定の広まりをみせたらしい。近年調査された朴翊《パクイク》《ぼくよく》▲の墳墓壁画に描かれた人物像にも、元の服飾の影響がみられるという。

　意外におもわれるかもしれないが、元代中国では政府の奨励・支援もあって出版がさかんだった。これを背景に、高麗にもひきつづき中国の書籍がはいってくる。高麗政府が江南で蒐書活動をおこない、元朝政府が南宋の宮廷蔵書を下賜したこともあるが、商品としての書物も注目される。前述した『老乞大』では、高麗商人が本国にもちかえる商品として、各種の布製品やファッション雑貨にくわえ、『四書集註《ししょしっちゅう》』▲をはじめとする儒学書、『淵源詩学押韻《えんげんしがくおういん》』▲などの詩文・韻書、『貞観政要《じょうがんせいよう》』▲『資治通鑑《しじつがん》』▲などの政書・歴史書、小説の『三国志評話《さんごくしひょうわ》』▲など、多様な書籍を列挙する。これも実態にもとづく記述である可能性が高い。こうした動向に関わる物証として、高麗版の『中庸朱子或問《わくもん》』がある。これは一三四二年に元の倪士毅《げいしき》▲が刊行した儒学書『四書輯釈《しゅうしゃく》』の一篇を、七一年に慶尚道《キョンサンド》の晋州《チンジュ》《しんしゅう》で本物そっくりに複製したものである。この『四書輯釈』は商業出版で名高い福建の建安の書肆で刊行されたが、当地の学問の担い手たちはその書物が高麗や日本まで流布することを自負していたという。

▼**朴翊**（一三三二〜九八）　高麗末期の文臣。本貫は密陽、号は松隠。高麗滅亡後は隠遁生活を送った。

▼**『四書集註』**　朱子による四書の注釈書、『大学章句』『中庸章句』『論語集註』『孟子集註』のこと。

▼**『淵源詩学押韻』**　元・厳毅の『詩学集成押韻淵海』か。作詩のための辞書。

▼**『貞観政要』**　唐・呉兢撰。唐の太宗の治績をのべる。

▼**『資治通鑑』**　北宋・司馬光撰。周代から五代後周までの歴史に関する編年体の史書。

▼**『三国志評話』**　元代に読まれた中国三国時代に関する小説。のちの『三国志演義』とは別。

▼**倪士毅**（一三〇三〜四八）　休寧の人、字は仲弘。

朝鮮前期（一五五五年製作）の火薬兵器（天字銃筒）

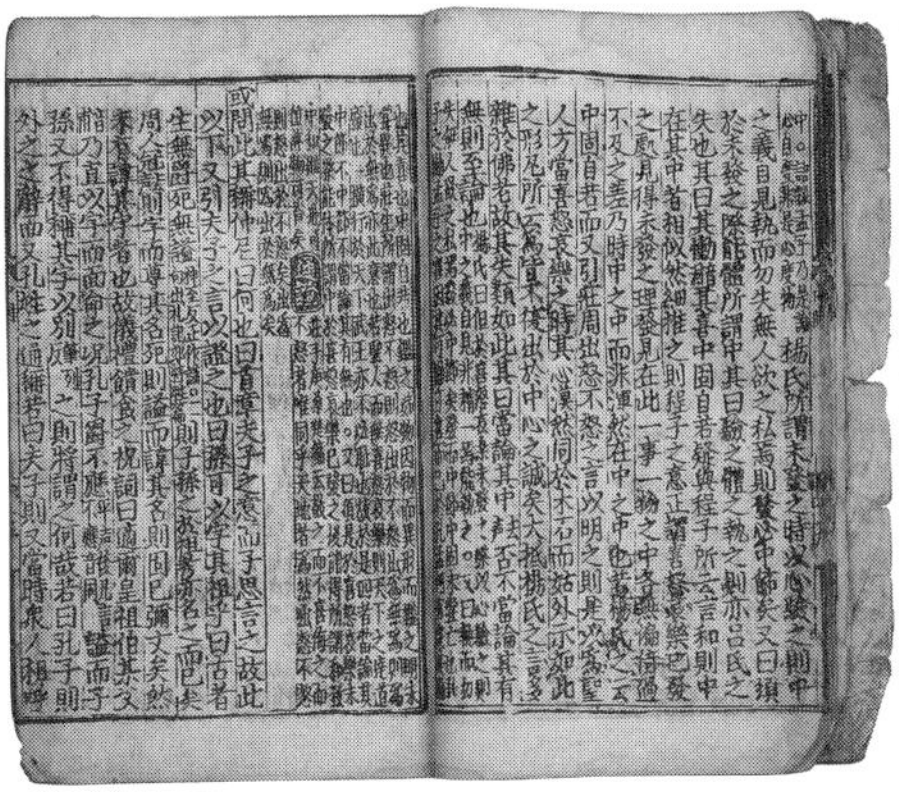

高麗版『中庸朱子或問』

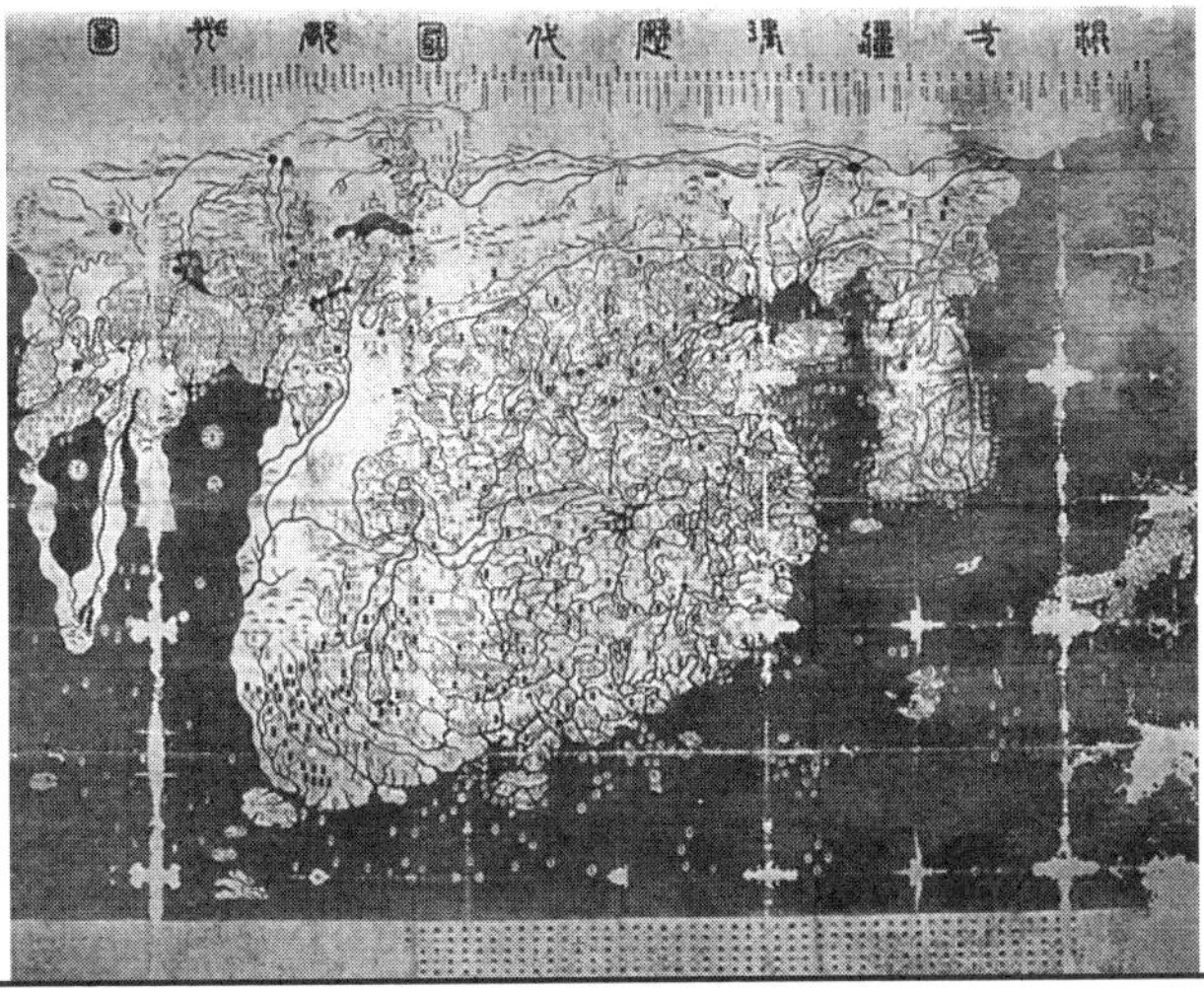

「混一疆理歴代国都之図」（本光寺蔵）

朴翊墓壁画の人物像

文益漸棉花始培記念碑（慶尚南道晋州市丹城）

元代に生きた人びとの世界認識をうかがわせる資料に「混一疆理歴代国都之図《こんいつきょうり》」がある。元代の二系統の地図をもとに一四〇二年に朝鮮で作成された本地図は、おどろくことにヨーロッパやアフリカまでを描きこんだ「世界地図」となっている。大航海時代以前にモンゴルの存在によって結びつけられた世界のイメージが、ユーラシアの東辺ですでに可視化されていたのである。朝鮮半島の人びとがその原図を入手したのは高麗滅亡後かもしれないが、少なくとも同時代に生きた人びとにこうした知見が無縁だったともおもえない。おそらくは多くの高麗人が、さまざまな場で「世界の広さ」に触れたことだろう。

## 「モンゴル時代」の朝鮮半島に対する見方

さまざまな局面で結びつき、あるいは重なりあって展開した高麗と元を歴史地図上に表現するとどうなるだろうか。既存のものは、①高麗と元を別々の色にぬりわける、②双方とも同一色でぬりつぶす、③双方を同一色でぬりつぶしつつ点線などで区分する、という三通りの立場があるようだ。

では、このうちもっとも相応しいのはどれだろうか。筆者の答えは「どの方法もそれなりに正しい。ただしダブル・スタンダードを犯さぬかぎり」である。

モンゴルの傘下に存在した数多の政治勢力のひとつという点からいえば、高麗はもっとも史料情報が潤沢な部類といえる。逆にいうと、元ないしモンゴル帝国という政治体は、一定の自律性・自立性をもつ分権勢力の複合体といいながら、個別の分権勢力の実体がそれほど詳しくわかっているわけではない。高麗と元を色分けする場合、現在われわれが元として一色にぬりつぶして認識しているなかに、実際には高麗のように高度な自律性・自立性を有する勢力が他に存在するかもしれない。逆に、元が高麗程度の自律性・自立性を有するものをふくむさまざまな分権勢力の複合体であると認識したうえで、それらを一色にぬりつぶすのであれば、高麗もまた同一色でぬりつぶすべきである。

基準のとりかたは論者がその表現意図に応じて随意に使いわければよい。肝心なのは、高麗に関わる事象をそれだけで解釈せず、つねに元、モンゴル帝国の全体状況のなかで相対的に位置づけることである。その際、「朝鮮史」「モンゴル史」「中国史」といった、あくまで便宜上であるはずの既往の歴史学の分野区分が壁となって、視界をさえぎってはならないだろう。

いっぽう当時の朝鮮半島社会にとって、モンゴルとの関わりはいかに重要とはいえ、あくまで「ひとつの局面」であることにも留意したい。地方で庶民の日用雑器を焼く陶工や、西海岸で塩辛用の魚介をとる漁夫の生活に、ユーラシアをつつむ「モンゴル時代」の到来がいかほどの意味をもったであろうか。いや、そこには意外に深い関わりがあったかもしれない。しかしそれが逐一たしかめられたわけではない以上、「どの部分が、どのように」という前提ぬきで「高麗はモンゴルと一体化した」などと単純化してしまっては乱暴な話である。

本書で紹介した事柄については、ユーラシア規模の巨大帝国との関わりかたにスケールの大きさを感じる読者も少なくないのではなかろうか。それは個々の自由だが、ただ筆者個人の立場として、モンゴル帝国に関わる事象の「スケールの大きさ」それ自体は、基本的に二義的な問題である。筆者にとって一義的な重要性は、あくまで、それが朝鮮半島における人類の営みの一コマだという点にある。これは決して問題の矮小化ではない。いったい歴史学をめぐっては、ある事象がもたらす影響の空間的・時間的・量的なスケールの大きさという現象面に関心がひきよせられがちである。人類史全体をひとつの人体にたとえるならば、それは人体を器官のレベルで腑分けし、どこが脳で、どこが心臓であるかを探るようなところがある。もちろんそれはそれとして大切だが、いかに脳や心臓を語ったところで、それのみで人体の全体像がみえるわけではない。またそもそも、人体の本質を遺伝子レベルで解析するならば、表皮の一片、体毛の一本であっても脳や心臓と同等の価値をもつはずである。

人類社会について「一見小さな一コマ」に普遍的・根源的な命題（遺伝子）をみいだすことは、歴史学でも周辺の人文社会諸学でも実践されてきたことである。筆者が高麗・モンゴル関係史、ひいては朝鮮史にみいだそうとするのも、人類の社会・文化の本質にせまる素材としての学術的価値である。ただモンゴル帝国史は、現象面のスケールの大きさに魅了されるところが大きいのは事実であるし、また現代の日本社会では、朝鮮史自体が、日本との地理的・歴史的な関係性という別の現象面でのスケールから、ときに安易な形で特別視されやすい面もある。筆者の問題関心がそれとは異なることをのべて、本書の結びとしたい。もとよりこれはたんに「違う」ことをいうだけであり、他の問題関心の当否や優劣を云々するものではない。

## 参考文献

### 日本語文献


池内宏『元寇の新研究』東洋文庫　一九三一年
池内宏『満鮮史研究』中世第三冊　吉川弘文館　一九六三年
植松正「元代の海運万戸府と海運世家」『京都女子大学大学院文学研究科研究紀要』（史学編）三　二〇〇四年
海老澤哲雄「モンゴル帝国対外文書管見」『東方学』七四　一九八七年
岡田英弘『世界史の誕生』（ちくまライブラリー）筑摩書房　一九九二年
北村秀人「高麗に於ける征東行省について」『朝鮮学報』三二　一九六四年
北村秀人「高麗末に於ける立省問題について」『北海道大学文学部紀要』一四―一　一九六五年
北村秀人「高麗時代の瀋王についての一考察」『人文研究』（大阪市立大）二四―一〇　一九七二年
金文京・玄幸子・佐藤晴彦訳註・鄭光解説『老乞大――朝鮮中世の中国語会話読本』平凡社　二〇〇二年
栗生沢猛夫『タタールのくびき――ロシア史におけるモンゴル支配の研究』東京大学出版会　二〇〇七年
杉山正明『大モンゴルの世界――陸と海の巨大帝国』角川書店　一九九二年
杉山正明『クビライの挑戦――モンゴル海上帝国への道』朝日新聞社　一九九五年
杉山正明『モンゴル帝国の興亡』上・下（講談社現代新書）講談社　一九九六年
杉山正明『モンゴル帝国と大元ウルス』京都大学学術出版会　二〇〇四年

中村淳・森平雅彦「韓国・松広寺所蔵の元代チベット文法旨」『内陸アジア史研究』一七　二〇〇二年
中村栄孝『日鮮関係史の研究』上　吉川弘文館　一九六五年
藤田明良「「蘭秀山の乱」と東アジアの海域世界——十四世紀の舟山群島と高麗・日本」『歴史学研究』六九八　一九九七年
松田孝一「モンゴル帝国東部国境の探馬赤軍団」『内陸アジア史研究』七・八　一九九二年
宮紀子『モンゴル時代の出版文化』名古屋大学出版会　二〇〇六年
村井章介『アジアのなかの中世日本』校倉書房　一九八八年
村井章介『国境を超えて——東アジア海域世界の中世』校倉書房　一九九七年
森平雅彦「高麗後期の賜給田をめぐる政策論議について——十四世紀初葉の政局情勢にみるその浮上背景」『朝鮮学報』一六〇　一九九六年
森平雅彦「朱子学東伝の国際的背景——モンゴル時代と高麗知識人」『アジア遊学』五〇　二〇〇三年
森平雅彦「朱子学の高麗伝来と対元関係（その二）——初期段階における禿魯花・ケシク制度との接点」『史淵』一四八　二〇一一年
森平雅彦『モンゴル覇権下の高麗——帝国秩序と王国の対応』名古屋大学出版会　二〇一三年
矢木毅『高麗官僚制度研究』京都大学学術出版会　二〇〇八年
**韓国語文献**
尹龍爀『高麗対蒙抗争史研究』一志社　一九九一年
金浩東『モンゴル帝国と高麗』ソウル大学校出版部　二〇〇七年

高柄翊『東亜交渉史の研究』ソウル大学校出版部　一九七〇年
沈奉謹『密陽古法里壁画墓』セジョン出版社　二〇〇三年
張東翼『高麗後期外交史研究』一潮閣　一九九四年
李益柱「高麗・元関係の構造に関する研究――いわゆる〝世祖旧制〟の分析を中心に」『韓国史論』（ソウル大）三六　一九九六年

### 中国語文献

陳高華「元朝与高麗的海上交通」同著『元史研究新論』上海社会科学院出版社　二〇〇五年

**図版出典一覧**

*Dschingis Khan und seine Erben. Das Weltreich der Mongolen*（特別展図録）, Hirmer, München, 2005. 7, 8, 10, 13左, 33, 36, 66右, 66左, 67
Giuseppe Tucci, *Tibetan Painted Scrolls*, La Libreria dello Stato, Rome, 1949. 52
李康七『韓国の火砲——指火式から火縄式へ』図書出版トンジェ　2004 83上右
『韓国 7000 年美術大系 国寳 10——絵画』竹書房　1985 53
『韓国 7000 年美術大系 国寳 12——書芸・典籍』竹書房　1985 83中右
金芳漢「八思巴文字新資料」『東亜文化』10　1971 73左
『元代漢語本《老乞大》』慶北大学校出版部　2000 75下
広州博物館編『広州歴史文化図冊』広東人民出版社　1996 77
『高麗末朝鮮初の美術』（特別展図録）国立全州博物館　1996 69
沈奉謹『密陽古法里壁画墓』セジョン出版社　2003 83上左
中村淳・森平雅彦「韓国・松広寺所蔵の元代チベット文法旨」『内陸アジア史研究』17　2002 73右
平岡定海『東大寺宗性上人の研究並史料』中　日本学術振興会　1959 20, 21
文化財管理局文化財研究所編『北韓文化財図録』韓国文化財保護財団　1993 扉, 4, 39
盧明鎬ほか『韓国古代中世古文書研究』下　ソウル大学校出版部　2000 58
九州大学文学部朝鮮史学研究室提供 13右
宮内庁三の丸尚蔵館提供 2
澤本光弘氏提供 30
神奈川県立金沢文庫提供 31
東京大学史料編纂所提供 25下
東大寺提供 11, 20, 21
舩田善之氏提供 74
本光寺提供 83下
李相俊氏提供 カバー表
著者撮影 12, 19, 25上3点, 50右, 50左, 64, 72, 75上右, 75上左, 75中, 78, 83中左
ユニフォトプレス提供 3, カバー裏

世界史リブレット⑲

モンゴル帝国《ていこく》の覇権《はけん》と朝鮮半島《ちょうせんはんとう》

2011年 5 月30日　1版1刷発行
2021年 4 月30日　1版4刷発行

著者：森平雅彦《もりひらまさひこ》

発行者：野澤武史

装幀者：菊地信義

発行所：株式会社 山川出版社

〒101-0047　東京都千代田区内神田 1 -13-13
電話　03-3293-8131（営業）8134（編集）
https://www.yamakawa.co.jp/
振替　00120-9-43993

印刷所：明和印刷株式会社

製本所：株式会社 ブロケード

 ISBN978-4-634-34937-7

## 世界史リブレット　第Ⅲ期［全36巻］

〈白ヌキ数字は既刊〉

93 古代エジプト文明――近藤二郎
94 東地中海世界のなかの古代ギリシア――岡田泰介
95 中国王朝の起源を探る――竹内康浩
96 中国道教の展開――横手 裕
97 唐代の国際関係――石見清裕
98 遊牧国家の誕生――林 俊雄
99 モンゴル帝国の覇権と朝鮮半島――森平雅彦
100 ムハンマド時代のアラブ社会――後藤 明
101 イスラーム史のなかの奴隷――清水和裕
102 イスラーム社会の知の伝達――湯川 武
103 スワヒリ都市の盛衰――富永智津子
104 ビザンツの国家と社会――根津由喜夫
105 中世のジェントリと社会――新井由紀夫
106 イタリアの中世都市――亀長洋子
107 十字軍と地中海世界――太田敬子
108 徽州商人と明清中国――中島楽章
109 イエズス会と中国知識人――岡本さえ
110 朝鮮王朝の国家と財政――六反田豊
111 ムガル帝国時代のインド社会――小名康之
112 オスマン帝国治下のアラブ社会――長谷部史彦
113 バルト海帝国――古谷大輔
114 近世ヨーロッパ――近藤和彦
115 ピューリタン革命と複合国家――岩井 淳
116 産業革命――長谷川貴彦
117 ヨーロッパの家族史――姫岡とし子
118 国境地域からみるヨーロッパ史――西山暁義
119 近代都市とアソシエイション――小関 隆
120 ロシアの近代化の試み――吉田 浩
121 アフリカの植民地化と抵抗運動――岡倉登志
122 メキシコ革命――国本伊代
123 未完のフィリピン革命と植民地化――早瀬晋三
124 二十世紀中国の革命と農村――田原史起
125 ベトナム戦争に抗した人々――油井大三郎
126 イラク戦争と変貌する中東世界――保坂修司
127 グローバル・ヒストリー入門――水島 司
128 世界史における時間――佐藤正幸